ADMINISTRAÇÃO REGIONAL DO SENAC
NO ESTADO DE SÃO PAULO
Presidente do Conselho Regional
Abram Szajman
Diretor do Departamento Regional
Luiz Francisco de A. Salgado
Superintendente Universitário e de Desenvolvimento
Luiz Carlos Dourado

EDITORA SENAC SÃO PAULO
Conselho Editorial
Luiz Francisco de A. Salgado
Luiz Carlos Dourado
Darcio Sayad Maia
Lucila Mara Sbrana Sciotti
Jeane Passos de Souza

Gerente/Publisher
Jeane Passos de Souza
Coordenação Editorial
Márcia Cavalheiro Rodrigues de Almeida
Comercial
Marcelo Nogueira da Silva
Administrativo
Luís Américo Tousi Botelho

Fotografias
Luiz Henrique Mendes
Produção Fotográfica
Beth Freidenson
Edição e Preparação de Texto
Vanessa Rodrigues
Revisão de Texto
Gabriela L. Adami (coord.)
Rodolfo Santana
Karinna A. C. Taddeo
Projeto Gráfico e Editoração Eletrônica
Antonio Carlos De Angelis
Impressão e Acabamento
Gráfica e Editora Serrano Ltda.

EDITORA SENAC SÃO PAULO
Rua 24 de Maio, 208 – 3º andar
Centro – CEP 01041-000
Caixa Postal 1120 – CEP 01032-970 – São Paulo – SP
Tel. (11) 2187-4450 – Fax (11) 2187-4486
E-mail: editora@sp.senac.br
Home page: http://www.editorasenacsp.com.br

Proibida a reprodução sem autorização expressa.
Direitos desta edição no Brasil reservados à
Editora Senac São Paulo, 2016
Textos © 2016 Editora Senac São Paulo

MAURICIO DE SOUSA EDITORA
Presidente
Mauricio de Sousa
Diretoria
Alice Keico Takeda
Mauro Takeda e Sousa
Mônica S. e Sousa
Direção de Arte
Alice Keico Takeda
Diretor de Licenciamento
Rodrigo Paiva
Coordenadora Comercial Editorial
Tatiane Comlosi
Analista Comercial
Alexandra Paulista
Editor
Sidney Gusman
Layouts
Robson Barreto de Lacerda
Revisão
Ivana Mello
Editor de Arte
Mauro Souza
Coordenação de Arte
Irene Dellega, Maria Ap. Rabello,
Nilza Faustino, Wagner Bonilla
Arte-final
Clarisse Hirabayashi, Cristina Hitomi,
Jaime Padovin, Juliana M. de Assis,
Romeu T. Furusawa
Assistente de Departamento Editorial
Regiane Moreira
Desenho
Emy T. Y. A. Costa, Denis Oyafuso
Cor
Marcelo Conquista, Mauro Souza, Kaio Bruder,
Gilberto Valadares
Designer Gráfico
Mariangela Saraiva Ferradás
Supervisão de Conteúdo
Marina Takeda e Sousa
Supervisão Geral
Mauricio de Sousa

*Mauricio de Sousa é membro da
Academia Paulista de Letras (APL)*

MAURICIO DE SOUSA EDITORA
Rua do Curtume, 745 – Bloco F
Lapa – São Paulo – SP – CEP 05065-900
Tel.: (11) 3613-5000
Ilustrações © 2016 Mauricio de Sousa e Mauricio
de Sousa Editora Ltda. Todos os direitos reservados.
www.turmadamonica.com.br

Crianças
Caio Eduardo Ribeiro Freita
Carolina Peres Campos Peixinho
Elisa Santos
Enrico Schiezari Garcia de Oliveira
Felipe Cavalheiro Rodrigues de Almeida
Giulia Camizão Rokicki
Helena Carneiro de Souza
João Paulo Almeida Dutra
João Paulo Vieira
João Pedro Cipriano Duran
João Rohrbacher Latorre
Joaquim da Gama Borges
Jorge da Gama Borges
Julia Tiemi Montone
Lavínia de Paula Passos
Lionel Rodriguez
Lorena Gianfratti Nastari
Luca Forlani Cruz
Manuella Garcia de Lucca
Mariana Carneiro de Souza
Marina Marotti Borges
Mel Rodriguez
Miguel Rohrbacher Latorre
Pedro Rohrbacher Latorre
Rafaela Gianfratti Nastari
Sofia Forlani Cruz
Talita Rodriguez
Yasmin Naomi Nomura
Fotos realizadas em 22 de julho de 2016

Dados Internacionais de Catalogação na Publicação (CIP)
(Jeane Passos de Souza – CRB 8ª/6189)

Nastari, Ricardo
 Brincando com a Turma da Mônica / Ricardo Nastari; prefácio Rosely Sayão. – São Paulo: Editora Senac São Paulo, 2016.

 ISBN 978-85-396-1098-3

 1. Recreação e jogos 2. Jogos e brincadeiras de criança
I. Sayão, Rosely II. Título.

16-416s   CDD-796
                                               BISAC SPO077000

Índice para catálogo sistemático:
1. Recreação e jogos   796

RICARDO NASTARI

SUMÁRIO

Nota do editor, 7
Prefácio – *Rosely Sayão*, 8
Agradecimentos, 16
Apresentação, 21

Referências, 140
Índice de brincadeiras
    Brincar em quantas pessoas?, 142

Alerta, 28
Amarelinha, 30
Avião de papel, 34
Batata quente, 36
Brincadeiras com água, 38
    Barquinho de papel, 38
    Bola de sabão, 42
    Lava louça, 44
    Splash, 45
Brincadeiras com cartas, 46
    Porco, 46
    Tapão, 47
Brincadeiras de palmas, 48
    Nós quatro, 48
    Babalu, 49
Brincadeiras de travessia, 50
    Barra-manteiga, 50
    Batatinha frita 1, 2, 3, 51
    Rio vermelho, 51
    Mãe da rua, 52
    Vampiro vampirão, 54
Bola de gude, 56
    Linha, 56
    Buque, 56
    Círculo ou Triângulo, 57
    Corre atrás, 57
Cabo de guerra, 60
Cabra-cega (Gato mia), 64

Cama de gato, 66
Carrinho de rolimã, 69
Cinco Marias, 70
Corre, cutia, 72
Corrida pô, 76
Detetive, 78
Esconde-esconde, 80
Estátua, 84
Eu vou pra lua, 88
Futebol, 90
    Artilheiro, 90
    Bobinho, 90
    Copinha, 91
    Gol a gol, 91
    Linha, 91
    Melê, 91
Futebol de tampinhas, 92
Jacaré, 94
Mímica, 96
Paredão, 98
Parlendas, 100
Passa anel, 102
Pega-pega, 104
    Agacha fruta, 104
    Cada macaco no seu galho, 104
    Duro ou mole, 105
    Duro ou mole espelho, 105
    Elefante colorido, 105
    Pega-pega americano, 105

Pião, 106
    Barroca, 106
    Boi, 106
    Pião de guerra, 106
    Gira mais, 106
Pipa, 110
    Arraia, 110
    Bicuda, 112
Pique-bandeira, 116
Polícia e ladrão, 118
Pula-sela, 120
Pular corda, 122
    Cobrinha, 124
    Zerinho, 124
Pular elástico, 126
Queimada, 128
    Cemitério, 128
    Abelha-rainha, 129
    Ameba, 129
    Castelo, 129
    Queima senta, 129
Stop, 132
Taco, 134
Telefone sem fio, 136

NOTA DO EDITOR

Instituição que busca se manter atualizada e apontar tendências educacionais para o futuro, o Senac São Paulo faz o caminho inverso neste livro e se volta para o mundo dos jogos, dos passatempos e das brincadeiras tradicionais, que exercem papel determinante na formação humana.

Para isso, o Senac reuniu um time de defensores do brincar como elemento essencial do desenvolvimento: Ricardo Nastari, o autor, especializado em educação lúdica; a psicóloga e consultora em educação Rosely Sayão, que assina o prefácio; e os estúdios de Mauricio de Sousa, que ilustram as páginas com os personagens da Turma da Mônica para mostrar que, embora um brinquedo possa fazer parte da brincadeira, o que a movimenta mesmo é a experimentação do corpo, do espaço, do tempo e das relações entre os brincantes.

A seleção das brincadeiras apresentadas buscou incluir aquelas que, além de serem populares, envolvem elementos da natureza e podem acontecer em ambientes diversos e com número de participantes variado. Em alguns casos, bastam uma criança… e a vontade de se divertir. Sem que ela perceba, sem cara de "atividade escolar", ela estará em pleno processo de formação de valores. Afinal, como enfatiza Rosely, "brincar é a melhor maneira de a criança aprender".

PREFÁCIO

Quem tem filhos conhece os gibis da Turma da Mônica! E, em geral, não conhece só por ter visto os filhos com as revistas ou ter ouvido os comentários deles a respeito das histórias que leem. Conhece a fundo porque também leu para os filhos ou, depois que eles foram dormir, deu uma folheada nos gibis que estavam por ali só para se divertir um pouco com as aventuras da Turma.

E o que dá para perceber, logo de início? Que todos os integrantes da Turma, juntos ou separadamente, têm uma missão especial do início ao fim de todas as histórias: brincar.

Eles brincam juntos, inventam encrencas que são puras brincadeiras, colocam a imaginação para funcionar... e brincam, brincam, brincam. Que tal o plano infalível – que só falha – do Cebolinha, as peripécias da Magali para não ter de dividir a comida ou as do Cascão para evitar a todo custo o contato com a água? Puras brincadeiras!

Eles se divertem, com o corpo e/ou com a imaginação, brincando o tempo todo e em qualquer lugar. E quem é bom observador já percebeu que dificilmente há adultos – pais, avós ou outros próximos das crianças – participando das brincadeiras.

É que brincadeira boa é de criança com outras crianças – é isso o que elas acham. E o conhecimento que temos afirma que elas se desenvolvem bem melhor com outras crianças. Elas não precisam dos adultos para brincar. Aliás, quando eles interferem na brincadeira da criança, deixa de ser brincadeira e passa a ser "atividade". Ou seja: perde o sentido do brincar.

Mas, então, a vida das crianças pode ser só isso? Brincar e nada mais? Essas perguntas certamente surgem para muitos pais, e por isso é bom conversar sobre elas para alguns esclarecimentos.

Quando a criança brinca, ela aprende tanto sobre si mesma, sobre o mundo e sobre a convivência com os outros, que a gente nem consegue precisar muito bem tudo o que ela aprendeu.

Ao pular amarelinha, por exemplo, logo salta à nossa vista que ela vai aprender a contar, não é? Mas ela aprende muito mais do que isso. Ela aprende a seguir regras, a ser disciplinada, a conhecer melhor o seu corpo e como alcançar o equilíbrio dele, a focar sua atenção em uma coisa só, a perseverar, a sentir as sensações que tem ao pular e ao se inclinar, a esperar a sua vez de jogar... Nossa, já é muito aprendizado! E isso sem falar nas coisas que ela aprende com essa brincadeira e que não conseguimos ver nem saber.

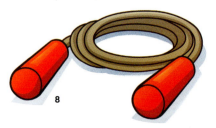

Pois é: brincar é a melhor maneira de a criança aprender. Mas não foi bem isso que você já ouviu, não é verdade?

É bem possível que você tenha lido algumas reportagens ou livros que defenderam o fato de que, quanto mais cedo a criança começar a aprender, melhor será o futuro dela, não é verdade?

Mas esse aprendizado de que esses textos falavam era um aprendizado de conteúdos específicos, o chamado aprendizado escolar, que acabou transformando as escolas de educação infantil em miniaturas das escolas de ensino fundamental ou em um curso preparatório para chegar lá.

Ainda hoje é possível visitar escolas de crianças pequenas que dão apostilas para elas, em que elas ficam sentadas a maior parte do tempo em carteiras ou mesinhas adaptadas ao tamanho delas, com atividades dirigidas a maior parte do tempo e até com lição de casa! E sabe quando essas crianças brincam? Na chamada hora do recreio, que em tempo é uma meia hora ou um pouco mais, aproximadamente.

Essa maneira de encarar as escolas de educação infantil e o aprendizado da criança na primeira infância valeu muito na década de 1990 e deixou rastros até hoje. Mas, por sorte, começaram a chegar teorias que mostraram o oposto disso.

Em vários países foram realizados estudos que acompanharam crianças escolarizadas desde bem cedo, precocemente, e outras que tiveram mais tempo, espaço e liberdade para brincar antes dos 6 anos. E sabe o que os resultados mostraram?

As crianças que foram levadas ao aprendizado escolar precocemente tiveram maiores dificuldades no ensino fundamental do que as que brincaram mais antes de começarem tal aprendizado. Sabe por quê? É que, antes dos 6 anos, a criança não tem ainda os requisitos necessários para o aprendizado desses conteúdos escolares: ela precisa ter a capacidade de ficar com a atenção focada de maneira continuada em uma atividade, precisa ter a capacidade de abstração, autocontrole, responsabilidade e compromisso e, ainda, conseguir ter um bom relacionamento interpessoal. Tudo isso se adquire com o desenvolvimento na primeira infância. E, olha, é o brincar que oferece à criança a oportunidade para a aquisição dessas habilidades todas!

Eu já ouvi a mãe de uma garotinha de 3 anos dizer que a escola que a filha frequentava reclamava do comportamento irrequieto dela, que resistia em ficar sentada quando a escola exigia. Nossa! Escolas que fazem esse tipo de reclamação não entendem muito de criança na primeira infância. O problema em casos semelhantes a esse é a escola, não a criança, portanto.

Também já ouvi diversas mães reclamarem que os filhos, na escola de educação infantil, "só" brincavam. Nesses casos, a compreensão de infância que mães e pais têm é que é o problema.

A infância nem sempre foi como ela é agora. A ideia de infância foi inventada, construída pela sociedade, sabia disso? Antes da construção da ideia de infância, não havia grandes diferenças entre a vida de crianças e a de adultos. Foi principalmente a partir do século XIX que o conceito de infância como conhecemos hoje passou a existir. A partir de então, os cientistas e estudiosos e a sociedade passaram a olhar para a criança de um modo especial, ou seja, como um ser que tem direitos e um desenvolvimento específico e é dependente dos adultos – e que, portanto, precisa de cuidados e de atenção.

Acontece que, nos últimos trinta anos, o mundo mudou bastante e muito rapidamente, e o olhar da sociedade em relação à criança, também, por um motivo principal: a linha divisória entre o mundo adulto e o infantil é cada vez mais tênue.

Veja, por exemplo, as roupas que as crianças usam. No que elas são diferentes das usadas por adultos? No tamanho, apenas nisso. Mas as roupas são apenas um exemplo simples; o mais complexo é que a vida da criança, hoje, é cada vez mais parecida com a do adulto.

Vamos pensar nos compromissos que elas têm desde muito cedo e que os pais lhes oferecem com a melhor das intenções. É escola, que às vezes é em tempo integral,

é aula de futebol, de natação, de inglês, de informática, e muitos outros cursos chamados extracurriculares. O resultado? Muitas crianças têm, hoje, uma agenda de compromisso igual à de um adulto: lotada. E o tempo para brincar? Não sobra quase nada porque, além de todos os cursos, ainda há lição de casa que a escola envia e os aparelhos tecnológicos que elas adoram e nos quais ficam grudadas (se permitirem) nas poucas horas livres que têm.

É por isso que nem toda criança tem infância. Algumas, de famílias com menos recursos, usam o tempo que deveria ser dedicado ao brincar para trabalhar. Outras, de famílias com maior poder econômico, são levadas a estudar o tempo todo a fim de se prepararem para o futuro. Em relação a ter infância, não há diferença entre elas: nenhuma, por um motivo ou outro, desfruta de tempo para brincar. Todas elas vivem vida de adulto sem que ainda tenham condições para isso. Todas elas não têm infância, apesar de serem crianças.

Vivemos em uma época na qual o consumo é considerado um valor poderoso, e isso faz com que as famílias consumam muito. E o que as crianças têm a ver com isso? Resposta fácil: a quantidade de brinquedos à disposição delas é enorme. E-NOR-ME! Muitas crianças têm um quarto que mais parece loja de venda de brinquedos! Do lado dos pais, há um sentimento de culpa por estarem pouco ao lado dos filhos, e esse sentimento faz com que queiram dar tudo o que podem – e, às vezes, até o que não podem – para compensá-los. Não adianta: nenhuma ausência pode ser compensada, e, se os pais precisam estar no trabalho mas dedicam o tempo livre que têm para estar por perto dos filhos, de verdade, eles irão entender e aceitar, mesmo que lá para a frente, no futuro. E que mimo melhor para dar aos filhos do que algum brinquedo? É como se pensássemos que as crianças dependem dos brinquedos para brincar. Com essa lógica no pensamento, quanto mais brinquedos a criança tiver, mais ela vai brincar, certo? Mas não é assim que funciona.

Primeiramente, porque os brinquedos em grande quantidade não permitem que a criança se dedique a um deles e, portanto, brinque. São tantas as escolhas que a criança tem à mão que ela acaba não escolhendo nenhum. É difícil escolher algo, não é verdade? Tem mais: em geral, brinquedos são vendidos em ondas de consumo porque viram febre, moda; a criança quer e pede porque vários colegas têm, os pais dão, e ela brinca uns... trinta minutos, se tanto! Para ela, é mais importante ter o brinquedo do que brincar. Coisas do mundo do consumo... e nós podemos poupar a criança desse tipo de situação.

Para brincar, a criança não precisa de brinquedo! Quer ver? Dá uma olhada nas brincadeiras que estão aqui no livro. Quantas delas precisam de brinquedos para entreter a criançada? Poucas exigem alguns objetos que são fundamentais para

o jogo acontecer, não é verdade? Além disso, muitos desses objetos que algumas brincadeiras exigem podem ser construídos pelas próprias crianças ou com a ajuda delas, olha só que legal! Aí sim, elas vão se dedicar à brincadeira com o maior gosto, não é verdade?

O que podemos oferecer à criança para que ela brinque? Primeiramente, tempo e espaço. E sabe o que mais? Objetos da natureza – gravetos, folhas secas, pedras, etc. –, recipientes de sucata doméstica, caixas de papelão, pedaços de pano coloridos, fios de diversos tipos, essas coisas. Com tudo isso à mão, ela pode criar, inventar e construir brincadeiras incríveis.

As nossas crianças, com o estilo de vida urbano que adotamos ter mesmo em cidades pequenas, pouco contato têm tido com a natureza e com os espaços abertos, públicos.

Já percebeu que, na maioria do tempo, elas saem de um imóvel e entram em um automóvel para chegar e entrar em outro imóvel? Que loucura quando pensamos nisso. Acontece que o contato com espaços abertos e com a natureza faz a maior falta a elas, posso garantir a você. E não sou só eu: sabe o que muitos médicos têm receitado para as crianças crescerem com saúde? Natureza e ar livre!

Muitos estudos médicos de vários países e universidades apontam que diversos problemas das crianças nos dias atuais ocorrem justamente pelo pouco tempo de que elas dispõem para ficar ao ar livre, para observar a natureza e com ela interagir. Você já ouviu falar de criança com "déficit de atenção", não ouviu? Pois eu já ouvi um médico dizer que muitas das crianças que têm tal diagnóstico sofrem, na verdade, de "déficit de contato com a natureza e o ar livre".

Vamos voltar às brincadeiras mostradas aqui no livro. Observe quantas delas acontecem em espaços abertos, colocam a criança em contato com água, terra, vento, chão, planta, etc. Isso faz um bem danado a elas, afirmam os médicos. E quem já foi criança em um tempo em que isso costumava ser mais frequente sabe como é bom.

E a Turma da Mônica? Quantas brincadeiras ela faz em ambientes fechados, e quantas em ambientes abertos, ao ar livre e com a natureza? Quer checar? Dá só uma olhada em alguns gibis para constatar. Só mesmo o Cascão vai evitar o contato com a água a todo custo, mas você sabe, isso faz parte do *show* dele.

Agora vou falar de algo bem sério. Nós, os adultos, adoramos quando as crianças ficam entretidas um tempão com os aparelhos eletrônicos. Facilita a nossa vida porque elas ficam mais quietas, mas não faz bem a elas. Como ter filhos é um compromisso que precisamos honrar, devemos renunciar ao nosso sossego e, de vez em quando (mas com regularidade), sair um pouco com as crianças. Além disso,

observe se a escola tem área verde – e se os alunos a utilizam! –, que colabora para que a criança fique mais próxima da natureza.

Quer algumas dicas? Você pode visitar praças e parques com elas, observar os pássaros que existem por lá, as plantas, deixar a criança correr e brincar. Não precisa de muito para que, logo, a criança encontre algo para brincar, pode ter certeza disso!

Você é do tipo que se preocupa com a sujeira nas roupas e no corpo de seu filho? Ah! Não liga para isso, não. Basta lavar, tomar banho, e pronto.

Os passeios ao ar livre e o contato com os elementos da natureza ainda oferecem mais benefícios: ajudam o organismo de seu filho a criar resistência contra vários microrganismos, evitam a obesidade e as alergias, ajudam as crianças a ficarem menos agressivas e mais criativas.

Vale a pena dar essa liberdade a elas, não vale?

"Mas jogar *videogame* ou jogos *on-line*, isso não é brincar?" Essa foi a pergunta que me fez a mãe de uma garota de 9 anos que passava horas em jogos e não queria saber de outra brincadeira. Vamos, então, falar da tecnologia na vida de nossas crianças, porque ela tem roubado o tempo de brincar.

Não dá para ignorar que as crianças já nasceram em um mundo repleto de aparelhos tecnológicos que podem atrair muito a atenção delas. Você já viu um bebê mudar a tela de um *tablet* com o dedinho? Não se assombre com essa ação dele: se você colocar uma revista, ele também vai explorar para ver o que consegue fazer. A mesma coisa acontece com o *tablet*. É apenas uma exploração, e não uma inclinação, uma escolha. Aliás, quem é que coloca o aparelho ao alcance do bebê? Nós, não é mesmo?

O problema é que crianças bem pequenas têm um mundo a conhecer, a explorar; se elas ficam muito tempo com esses aparelhos, perdem essa oportunidade de brincar e, portanto, de aprender.

Crianças um pouco maiores podem usar a tecnologia para brincar, mas não por muito tempo. Em relação ao corpo que ela está aprendendo a conhecer, não basta usar as mãos e os olhos, que é o que exigem esses jogos e aparelhos. Elas precisam usar o corpo todo, e as brincadeiras mostradas neste livro oferecem essa oportunidade a elas. Recentemente, assisti a um vídeo na internet que mostra uma criança de 11 anos que aprendeu a dançar apenas vendo vídeos no computador. Aí sim: ela utilizou a tecnologia em favor da movimentação corporal!

Bem, a esta altura você já sabe que a infância é uma etapa importante da vida das crianças e que, se elas viverem bem essa fase, vão crescer melhor. Não apresse o final da infância de seus filhos: para entrar bem na próxima etapa de desenvolvimento e de crescimento, é importante terminar bem a anterior.

A infância dura mais ou menos doze anos: um pouco mais, um pouco menos, depende de cada criança. Então, valorize esse tempo, que é bem curto, para que o brincar seja prioridade nessa fase da vida.

Agora, que tal aprender, reaprender ou relembrar algumas brincadeiras, lendo este livro com seus filhos? E, depois, oferecer a eles o que eles precisam para brincar: tempo, espaço e, de vez em quando, a companhia de outras crianças.

Boa leitura, e boas brincadeiras a seus filhos!

Rosely Sayão
Psicóloga e consultora em educação

AGRADECIMENTOS

Uma criança convidou outra para brincar. Esta aceitou e convidou outra, que veio junto com mais três, e assim nasceu a brincadeira, que encanta e atrai outras crianças para brincarem junto. Foi assim que começou a divertida jornada de escrever este livro.

Agradeço à mestra e amiga Adriana Friedmann, pela sua dedicação à criança e ao brincar e pela generosidade de me envolver neste projeto.

Agradeço à Mauricio de Sousa Produções, por difundir a cultura da brincadeira pela Turma da Mônica com sua criativa equipe, que criou as ilustrações e compartilhou as inspirações das memórias de infância de cada um.

Agradeço ao time da Editora Senac São Paulo, que brincou com toda a seriedade e a responsabilidade que o tema merece, buscando estruturar o conteúdo, editá-lo, revisá-lo e colocá-lo em uma estética coerente com o propósito do livro.

Agradeço ao Luiz e à Beth, pela produção fotográfica, e a todas as crianças e seus pais, que colaboraram na realização das fotos.

Agradeço à Rosely Sayão, por compartilhar sua sabedoria na elaboração conceitual da obra.

Agradeço à amiga Joska Barouk, pelo apoio constante ao trabalho de formação de educadores e pela disponibilidade permanente para ajudar sem medir esforços.

Agradeço aos alunos, ex-alunos e a todas as crianças com quem tive o privilégio de conviver e compartilhar momentos diários de brincadeira, por iluminarem minhas aprendizagens e pesquisas e por me darem oportunidade de ser.

Agradeço às minhas filhas, Rafaela e Lorena, por gostarem de brincar e por brincarem comigo, mantendo a brincadeira acesa na nossa vida.

Agradeço à dona Nelly, minha mãe, por me deixar brincar na rua quando eu era criança. Talvez ela nem saiba quanto aprendi e quanto a convivência com os amigos na brincadeira de rua contribuiu para minha descoberta de conhecimentos e valores.

Obrigado!

Ricardo Nastari

O espaço da criança que brinca é o aqui, o tempo é o agora, e a sua ação é o seu eu que se manifesta através do corpo, afirmando a vontade e a liberdade de ser. Isso é o que encanta os poetas e nos contagia e alegra diante de uma criança que brinca.

Maria Amélia Pinho Pereira (Péo),
Casa redonda: uma experiência em educação

A criança joga e brinca dentro da mais perfeita seriedade, que a justo título podemos considerar sagrada. Mas sabe perfeitamente que o que está fazendo é um jogo.

Johan Huizinga, *Homo ludens: o jogo como elemento da cultura*

APRESENTAÇÃO

A brincadeira começa com um convite. Um amigo chamando pra brincar na rua, o vento chamando pra soltar pipas, a imaginação estimulando a correr de braços abertos como asas alçando voo; um brinquedo, uma música, até mesmo o espaço e o tempo livre são convites para brincar.

Este livro também é um convite, dialogando sobre esse universo lúdico, trazendo um repertório de brincadeiras e incentivando o leitor a brincar e a chamar outras pessoas para brincar junto.

O brincar está na natureza, nos animais. Observe o leão, por exemplo. Esse felino que tem instintos de predador, quando filhote, brinca a maior parte do tempo, experimentando saltos, quedas, imitando lutas com outros filhotes, batendo com as patas em movimentos vigorosos e ao mesmo tempo suaves: sem as garras, sem a agressividade do ataque à presa, sem o olhar fixo do predador, mordendo sem cravar as presas, sempre com gestual de brincadeira. Até mesmo leões adultos brincam com os filhotes ou entre si. Enquanto brincam, ampliam suas experiências, exploram o espaço, conhecem os cheiros, descobrem seus limites, suas forças, machucam-se quando caem de mau jeito, tomam uma mordida do pai ao abusar na brincadeira, e assim aprendem a viver com coragem – a coragem que significa "agir com o coração". Se nunca viu um filhote de leão, observe os gatos, os cachorros, os ursos, e encontrará a mesma brincadeira.

Os estudos sobre o brincar mostram que é a maneira mais primitiva e natural de conhecer o mundo; que brincando a criança experimenta o corpo, o espaço, o tempo e as relações. Para a educadora Ruth Elisabeth de Martin, especialista em docência universitária em formação brincante, "é a partir do brincar que a criança aprende a agir... aprende a tomar decisões, a compreender melhor os valores da sua cultura, a entender a cultura de seus parceiros, fazer combinados, lidar com situações de ganhar e perder, enfim, a se fazer respeitar e a respeitar o próximo" (Martin *apud* Aquistapace, 2013). A educadora também afirma que as relações entre as crianças nas brincadeiras e delas com os adultos "promovem o vínculo de gerações através da transmissão de valores e cultura" (ibidem).

Para trazer um exemplo de como tudo isso acontece, eu, Ricardo, utilizarei minha experiência como educador lúdico para detalhar o que pode ocorrer com uma criança ao fazer um simples cata-vento de folha de seringueira.

Partindo do convite da natureza, a imagem das folhas caídas no chão ativa a memória da criança e a faz lembrar que sabe fazer um cata-vento de folha.

Em seguida, vem a tomada de decisão. Um desejo interno move imediatamente essa criança a construir seu cata-vento. Para isso, ela faz uma análise do ambiente, observando e selecionando a melhor folha para a produção, elegendo critérios como tamanho, formato, cor, curvatura, aspecto, beleza, etc.

Uma vez escolhida a folha – outra tomada de decisão –, vem a fase do projeto, em que a criança observa atentamente sua "matéria-prima" e imagina o brinquedo pronto, fazendo cálculos que definirão os locais dos cortes, estimulando sua criatividade e seu raciocínio.

O cérebro já está funcionando a todo vapor, enquanto as mãos guiadas pela visão e impulsionadas pela intenção executam seus comandos.

Na fase de execução, o cuidado no manuseio e o ajuste da força para quebrar o cabo da folha sem danificá-la exercitam as habilidades manuais, a atenção e o controle da força.

Encontrar o centro da folha, rasgá-la cuidadosamente e descartar a metade inferior de um lado e a metade superior do outro lado exigem mais cálculos e habilidades manuais.

Escolher um lugar próximo ao centro para furar trabalha a orientação espacial; apoiar uma mão por trás da folha sentindo o centro estimula o tato; enfiar o cabo furando a folha para fazer o eixo em torno do qual a folha vai girar conclui a execução do projeto. Todo o processo exercita a coordenação motora e a criatividade.

Com essa etapa finalizada, vem a fase de testes para saber se o brinquedo funciona, o que mobiliza outros conhecimentos. Aguçar os sentidos para descobrir a direção e a intensidade do vento a fim de posicionar o brinquedo. Se não estiver ventando, correr para produzir vento (o que em algum momento também é uma descoberta da criança sentindo o vento no rosto enquanto corre). Se a folha girar, está funcionando, mas se não girar não quer dizer que não esteja: pode ser que a inclinação não esteja correta, que o eixo esteja muito apertado, que o brinquedo não esteja sendo segurado da maneira adequada, que tenha pouco vento, ou outra variável, o que torna essa fase da brincadeira mais um momento de pesquisa, levantamento de hipóteses e experimentos. Quando se brinca junto com outros colegas, acontece a troca de conhecimento em que um compartilha com o outro suas experiências de sucesso e também o que deu errado.

Finalmente, com tudo pronto, a brincadeira se completa, trazendo a alegria de ver o brinquedo em funcionamento. Quando termina, larga o brinquedo e, quando quiser brincar novamente, faz outro.

Esse é o brincar, que diverte e encanta, amplia o universo da criança e evolui à medida que ela amadurece e se interessa por brinquedos mais complexos, que exigem cálculos mais precisos, manuseio de ferramentas e gestos mais apurados na execução – como fazer carrinhos, por exemplo.

Outras brincadeiras exercitam outros saberes. As brincadeiras entre equipes, por exemplo, demandam estratégias coletivas e promovem a criatividade, a convivência e o raciocínio, possibilitando à criança conhecer e respeitar o outro, tanto do seu time como do oponente, bem como reconhecer suas potências e dificuldades, suas preferências e sua relação com as pessoas e com as regras – sejam as regras específicas do jogo, sejam as de convivência social –, ao mesmo tempo que ampliam a percepção de valores como respeito, companheirismo, tolerância, cooperação, ética e solidariedade, entre outros.

Até agora, vimos basicamente situações do brincar ligadas ao conhecimento, à criatividade e à sociabilidade, mas ainda falta um aspecto importante: o corpo, que entra em ação quando a criança brinca e se beneficia com isso, ampliando e aprimorando sua capacidade. Os movimentos fortes da corrida; a destreza de se locomover em todas as direções por espaços acidentados olhando somente para cima, acompanhando os movimentos da pipa; a força para puxar um cabo de guerra; o equilíbrio para pular amarelinha num pé só; a resistência aeróbica e o ritmo para pular corda, a pontaria para jogar bola de gude e a velocidade para brincar de pega-pega são alguns exemplos dos benefícios das brincadeiras.

O tempo é outro aspecto fundamental do brincar. É diferente do tempo cronológico (*chronos*), o do relógio. É o tempo oportuno (*kayros*), o tempo de se entregar e de decidir parar, que pode ser curto ou longo, o tempo necessário. A criança tem o seu tempo de brincar, de conhecer o brinquedo, de se relacionar com o outro, enquanto o adulto, sempre bem-intencionado – embora por vezes equivocado –, sem perceber interrompe esse tempo e essa descoberta, impondo a "sua razão" e a "sua expectativa" na brincadeira da criança.

Seja para proteger, seja para ensinar, é comum vermos pais, professores, avós ou qualquer outro adulto mandando parar de correr porque é perigoso ou ensinando a criança a usar um brinquedo antes que ela mesma o faça, dizendo "Isso é assim, tem que jogar desse jeito..." ou, então, "Não suba na árvore que você vai cair", interrompendo o processo de descoberta que justamente exercita o pensamento lógico da criança, sua percepção e a leitura do ambiente e do objeto. Sem dúvida, essas interferências do adulto cortam a oportunidade de a criança elaborar um raciocínio que leve a uma aprendizagem, pois o adulto já o fez por ela.

A antropóloga Adriana Friedmann, em videoconferência promovida em 2016 pelo projeto Território do Brincar, traz uma reflexão acerca da relação do adulto com a infância e o brincar, que ao mesmo tempo explica o comportamento do adulto e indica um caminho para potencializar essa relação. Segundo ela, nossa civilização impõe ao adulto um papel de ensinar à criança, de orientá--la e de passar um conteúdo, enquanto ele deveria tomar distância para se colocar em lugar de aprendiz, a fim de ouvir o que elas expressam.

O que vale mais, o brinquedo ou a brincadeira?

Precisa de brinquedo para brincar? Quem nunca viu uma criança deixar sua boneca passar meses no armário sem receber atenção alguma, e, no dia em que vem uma amiga em casa e começa a brincar com a boneca, esta ganhar um valor enorme, chegando a ser disputada pelas duas? E quem nunca viu também a mãe dessa criança dizer que ela "não liga" para a boneca, que está "enciumada" e que deve emprestá-la para a amiga? Pode não ser ciúme nem egoísmo. Pode ser que a dona da boneca não esteja querendo seu brinquedo de volta, mas querendo a brincadeira que começou a acontecer e que não estava na boneca antes de a amiga pegá-la.

A brincadeira também alimenta o desenvolvimento emocional e o social. O inesperado do jogo, a possibilidade de vencer ou perder, a exposição das habilidades ou da falta de habilidade e o risco são situações que despertam sentimentos de alegria, frustração, ansiedade, euforia e vergonha, entre muitos outros.

Você já viu uma criança jogando queimada acertar a bola em outra e esta outra falar "Não valeu!"? É uma cena comum entre crianças e não significa obrigatoriamente que a atingida esteja querendo trapacear; pode apenas sinalizar a falta de maturidade ou de recursos emocionais para lidar com fracassos e frustrações. A brincadeira é uma maneira de experimentar e de aprender a enfrentar situações difíceis. A persistência e a repetição trazem gradativamente mais bagagem de recursos para a criança passar a ter mais sucesso, melhorar seu desempenho, prestar mais atenção, treinar agilidade para desviar e velocidade para fugir, tomar decisões mais acertadas, e assim por diante. Algumas crianças acabam deixando de brincar ou perdem o gosto por determinados jogos que expõem suas dificuldades, outras passam um tempo se encorajando para depois se arriscarem novamente, e assim cada uma faz suas escolhas.

As reflexões feitas até agora comprovam que a brincadeira praticada de forma livre e espontânea educa e prepara a criança para a vida, mas se for usada apenas com o propósito de educar e preparar ela pode deixar de ser brincadeira.

O direito ao brincar é tão importante que está previsto em instrumentos legais nacionais e internacionais, como a Lei de Diretrizes e Bases da Educação Nacional (LDB), o Estatuto da Criança e do Adolescente (ECA, em vigor desde 1990), a Convenção sobre os Direitos da Criança (adotada em Assembleia Geral das Nações Unidas, em 1989) e a Declaração Universal dos Direitos da Criança (também adotada pela Assembleia das Nações Unidas, em 1959), que, em seu princípio VII, ao lado da educação, menciona que toda criança terá plena oportunidade de brincar e se divertir, cabendo à sociedade e às autoridades públicas o esforço para promover o exercício desses direitos. O fato de estar previsto nesses documentos legais institui o direito ao brincar, mas na prática a garantia desse direito "para todos" deve fazer parte da cultura da sociedade. Situações que costumam ser "normais" entre a maioria das crianças ainda causam constrangimento em alguns adultos,

como a inclusão de todas as crianças na brincadeira mesmo que algumas tenham limitações físicas, cognitivas ou emocionais. Tomando a brincadeira como oportunidade de convivência social, não faz sentido um cadeirante ou uma criança com síndrome de Down, por exemplo, ficarem de fora. Uma forma de participação dentro das possibilidades pode ser facilmente combinada com todos. As crianças costumam ter soluções práticas e generosas, mas um olhar do adulto também pode ajudar nesses momentos, trazendo sugestões e referências para adequar as ideias das crianças, de modo que a brincadeira fique boa para todos.

A diversidade de necessidades especiais ou limitações vai muito além dos dois exemplos citados, e por vezes a falta de conhecimento sobre elas pode dificultar uma ação mais justa nos combinados especiais das brincadeiras. Outros fatores ainda excluem crianças da brincadeira, como o preconceito e a discriminação geralmente relacionados a cor da pele, tipo de cabelo, classe social e obesidade, entre outros, roubando da criança a oportunidade da convivência com a diversidade que tanto amplia e enriquece o conhecimento do mundo – na criança e no adulto.

Com o propósito de ampliar repertório e servir como instrumento de transmissão de valores e cultura, as brincadeiras escolhidas para este livro foram intencionalmente selecionadas pelo critério de serem populares no universo da infância, principalmente as brincadeiras de rua e as que colocam os participantes em contato com os elementos da natureza, como soltar pipa explorando o ar, jogar bolinha de gude em contato com o chão de terra ou fazer bolas de sabão descobrindo incríveis possibilidades com a água. Não foram incluídas brincadeiras com fogo por não haver registros delas, porém é sabido o encanto desse elemento que impõe limites por sua força e energia – o que torna a fogueira, por exemplo, tão atraente e convidativa para ser apreciada, para ter seu calor sentido e para ser pulada pelos ousados que se arriscam em busca de diversão. Com relação aos brinquedos, foram escolhidos os que são feitos pela criança e que têm relação com a natureza, e não os industrializados. No final do livro, o índice mostra a quantidade de participantes de cada brincadeira. Em algumas delas, é possível brincar tanto sozinho como em dupla e em grupo (se for brincadeira de rua, quanto mais gente melhor!). Use o índice como uma consulta rápida, mas sem perder de vista as possibilidades de adaptação que podem ser feitas em cada brincadeira, ajustando-a conforme a necessidade (como o espaço disponível, por exemplo).

Brinquedos e brincadeiras recebem nomes diferentes nas diversas regiões em que são encontrados, assim como o modo de brincar

apresenta variações. Neste livro, os nomes das brincadeiras, os versos das cantigas e as descrições dos jogos serão apresentados, como padrão, pelos nomes que eu aprendi e descritos seguindo a maneira pela qual brinco, mais especificamente na cidade de São Paulo, onde tive e ainda tenho minhas experiências lúdicas. Mesmo assim, dentro de uma mesma cidade cada brincadeira pode ser reconhecida com outros nomes e outras regras, o que reflete o próprio caráter da brincadeira de ser livre, de não estar presa a regras fixas, como acontece com os esportes, por exemplo. Nessa diversidade residem a riqueza do brincar e a expressão da cultura da infância. Ao escolher qualquer uma delas, lembre-se de combinar as regras da melhor maneira para deixar a brincadeira adequada às condições de espaço, tempo, quantidade de pessoas, faixa etária, grau de dificuldade e o que mais puder interferir no jogo. Para melhorar a brincadeira, faça alterações mesmo que já tenha começado – desde que todos concordem, é claro!

"Mas que ninguém se iluda: brincar não tem receita. Conhecer enunciados está longe de garantir a alegria. Brincar exige entrega, leveza, espontaneidade, ação" (Meirelles, 2007, p. 12). É o que alerta a educadora e coordenadora do projeto Território do Brincar, Renata Meirelles, e que aqui se encaixa perfeitamente.

Quando tem início a brincadeira? Quando uma criança convida outra para brincar, a brincadeira já começou. Decidir do que brincar, escolher os brinquedos ou objetos necessários, encontrar o lugar, separar os times e tudo mais que antecede o jogo em si fazem parte da brincadeira, da mesma maneira que construir seu brinquedo já é brincar, portanto a brincadeira começou...

Muitos estudos têm sido feitos sobre o brincar e todos reconhecem seus benefícios para a vida, comprovando que brincar é essencial para viver, ao passo que nenhum estudo revela contraindicações ou doenças provocadas pelo ato de brincar. Logo, brinque com a Turma da Mônica sem moderação. Brincar faz bem!

ALERTA

Jogado por três ou mais participantes, o objetivo é eliminar um a um, "queimando" cinco vezes cada participante. Quem é "queimado" a primeira vez fica com "Rá"; a segunda vez, com "Ré"; a terceira, com "Ri"; a quarta, com "Ró"; e a quinta, com "Rua", saindo do jogo.

Começa com um jogador lançando a bola para o alto e chamando um amigo. Os outros fogem, inclusive o que lançou a bola.

A pessoa chamada deverá pegar a bola lançada antes que ela toque no chão, jogá-la para cima novamente e chamar outra pessoa. Se pegar a bola depois de ela ter pingado no chão, deverá gritar "Alerta!", para os outros pararem de fugir e ficarem imóveis, como estátuas. Com todos parados, a pessoa deve tentar queimar alguém, atirando a bola. Pode dar três passos para chegar mais perto.

Para queimar, a bola tem que acertar o outro e cair no chão. O outro não pode sair do lugar e não será queimado se segurar a bola sem deixá-la cair, se a bola tocar antes no chão ou se a bola não o acertar. Nessa jogada, um dos dois ficará queimado. Aquele que foi queimado reinicia a próxima partida, chamando outra pessoa, e assim por diante, exceto se o queimado ficar com RUA e sair do jogo. Neste caso, quem queimou recomeçará a próxima.

Variação

Esta é bem legal: em vez de chamar as pessoas pelo nome, o jogador que lança a bola escolhe uma categoria: cor, animal, filme, esporte, planeta, fruta, etc. Por exemplo, se o lançador pediu "animal", os jogadores se reúnem longe do lançador e cada um escolhe o seu animal em segredo. Voltam e contam ao lançador apenas os animais escolhidos, sem revelar quem escolheu cada um. Então, o lançador escolhe um desses animais e, ao lançar a bola, fala alto o nome desse animal, sem saber qual jogador vai ter que pegar a bola.

AMARELINHA

Para jogar precisa apenas dos amigos e de uma pedrinha, que também pode ser um saquinho ou mesmo uma casca de banana ou de mexerica, que não pulam muito quando lançadas. Se estiver sozinho também dá para brincar.

A brincadeira começa riscando o chão com um caco de tijolo, um pedaço de giz ou mesmo com um graveto sobre a terra, desenhando as casas (geralmente quadradas) e numerando-as de acordo com o formato e a quantidade. Joga-se pulando com um pé só, exceto quando há casas grudadas, que permitem os dois ao mesmo tempo. No fim das casas numeradas geralmente é desenhada uma área de descanso, chamada de "Céu". Existem versões do jogo que proíbem pisar no "Céu", e outras que têm uma área chamada "Inferno" antes das casas numeradas. Outros nomes também são usados: "Mundo", "Sol", "Terra"... Às vezes, já existe o jogo pintado no chão, então é só aproveitar.

O primeiro da fila lança a pedrinha na casa 1 e pula num pé só direto para a casa 2 (não pode pisar na casa em que está a pedrinha), continuando a pular no mesmo pé até o final. Na volta, pulando da mesma maneira, para na casa 2, apanha a pedrinha da casa 1 sem tocar a mão ou o outro pé no chão e segue pulando para a frente sem pisar na casa 1 (em que estava a pedrinha). Se acerta todo o percurso sem pisar nas linhas, joga novamente, lançando a pedrinha na casa 2, e assim por diante. Quem erra durante a jogada, ou não acerta o lançamento da pedrinha na próxima casa, passa a vez para o próximo e vai para o final da fila. Quando chega sua vez novamente, lança a pedrinha na casa em que tinha errado. Só pode lançar na próxima casa quando acerta a jogada anterior. Se estiverem competindo, ganhará quem primeiro completar as casas.

Pode-se continuar jogando após completar todas as casas, utilizando uma regra mais avançada: a conquista de casas. Quando o jogador completa o jogo, pode ter uma casa só sua. Para isso, vira-se de costas para a amarelinha e lança a pedrinha para trás. Na casa em que cai a pedrinha, marca-se com o seu nome, um risco ou um desenho. Nesta casa, o dono pode parar, descansar, pisar com os dois pés e autorizar, ou não autorizar, que os demais pisem ou lancem a pedrinha nela. Jogando dessa maneira, ganha quem tiver mais casas.

Quando a pedrinha lançada fica sobre a linha da casa em que deveria cair, o lançador vira-se de costas e outro jogador coloca a pedrinha dentro ou fora da casa para este adivinhar sem olhar. Para isso, canta uma música: "Meia, meia-lua dentro ou fora, fora ou dentro". O lançador responde e, se acertar, segue jogando. Se não acertar, vai para o final da fila.

Variação

As amarelinhas podem ser desenhadas em vários formatos, com casas separadas ou unidas. A mais difícil de pular é a Caracol, a qual se pula num pé só durante todo o percurso, que é desenhado em curva. Na maioria das outras amarelinhas, há casas unidas que permitem apoiar os dois pés ao mesmo tempo no chão, sendo um pé em cada casa. Também se pode jogar chutando a pedrinha com os pés em vez de lançá-la com as mãos.

Curiosidade

Amarelinha é um jogo tradicional entre as crianças de muitos lugares do mundo, e é conhecida por vários nomes, como Maré, Marelinha, Academia, Cademia, Avião, Boneca, Macaca, Macacão, Queimei, Sapata, Tô-tá, Xadrez, Cancão, Casco e, na França, como *Marelle*, denominação que deu origem aos nossos Marelinha e Amarelinha. Existem diversas versões sobre a origem da Amarelinha. Uma delas conta que o jogo se originou no Império Romano como prática de treinamento dos soldados, que riscavam amarelinhas de 30 metros no chão e corriam sobre elas vestindo armaduras completas para melhorar suas habilidades com os pés. As crianças, imitando os adultos, desenhavam amarelinhas menores e criavam suas regras para brincar. Ou seja, a Amarelinha é ótima para desenvolver equilíbrio, força e coordenação motora e para ampliar a consciência corporal.

AVIÃO DE PAPEL

Pode ser feito em muitos formatos. Alguns têm voos mais velozes, outros planam mais, ou são bons de curvas, ou vão mais longe; e assim começa a brincadeira de lançar aviões feitos à mão. Para experimentar as leis da física, você pode criar seus próprios modelos, alterando o tamanho da asa ou mudando o centro de gravidade com dobras que aumentem o peso mais para a frente ou mais para trás. Existem até competições internacionais de lançamento de avião de papel com recorde mundial de distância e tempo de permanência em voo.

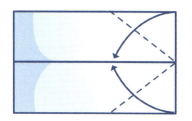 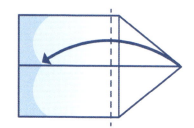 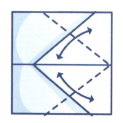

 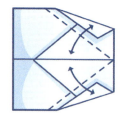 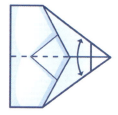

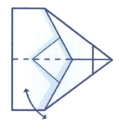 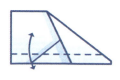 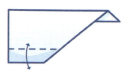

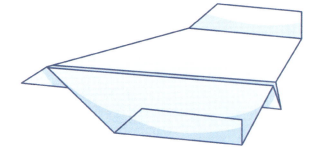

Dica
Você pode reaproveitar folhas de papel usadas para fazer o avião, desde que não estejam amassadas. O meio ambiente agradece.

BATATA QUENTE

Nesta brincadeira, os participantes sentam em roda e passam uma batata de mão em mão, enquanto um jogador fica fora da roda, de costas, cantando "Batata quente, quente, quente, quente, quente, QUEIMOU!". Quem estiver com a batata no momento em que a pessoa disser "Queimou!" ficará queimado e será o próximo a cantar de costas para a roda. A batata pode ser uma bola, uma batata, uma pedra, uma bola de meia ou qualquer outro objeto.

Dica

E se uma criança segurar a batata propositalmente porque deseja ser queimada? Relembrar uma regra que já existe para esse caso ou fazer combinados para solucionar problemas do jogo são boas oportunidades para a criança atribuir sentido às regras.

BRINCADEIRAS COM ÁGUA

Na natureza, a água representa um elemento vital, mas nas mãos das crianças ela é muito mais do que isso: torna-se um brinquedo encantador. Entre as muitas brincadeiras, existem quatro que a Turma da Mônica apresenta, convidando o leitor para brincar: Barquinho de papel, Bola de sabão, Lava louça e *Splash*.

Dica
Brincadeiras com água são bastante atraentes e divertidas, mas precisam ser feitas com responsabilidade. Uma bolada forte numa guerra de bexigas d'água pode ser bem dolorida; o sabão deixa o chão escorregadio e também irrita os olhos. E lembre-se de não desperdiçar água.

BARQUINHO DE PAPEL

É um brinquedo tão antigo quanto a invenção do papel. Quando você decide fazer um barquinho de papel, a brincadeira já começa ao encontrar um papel, uma mesa ou qualquer outro apoio, e escolher o modelo do seu barquinho. Convidar um amigo melhora ainda mais a brincadeira. Além de divertido, fazer um brinquedo estimula a criatividade, a concentração, o raciocínio e a coordenação motora fina. Depois de pronto, é só brincar: colocar seu novo brinquedo para flutuar num riacho, num lago, numa bacia ou em qualquer outro lugar que sua imaginação mandar.

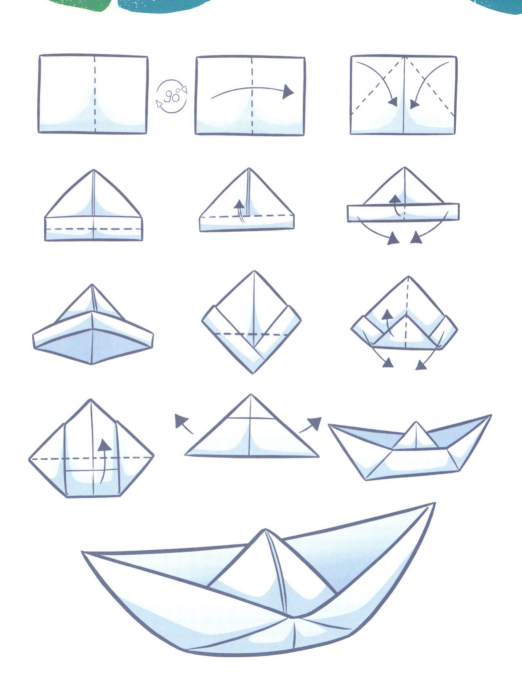

BRINCADEIRAS COM ÁGUA

BOLA DE SABÃO

Brincadeira que atrai crianças de qualquer idade e até adultos. Tão divertido quanto fazer as bolinhas de sabão é correr atrás delas e estourá-las. Dá para brincar fazendo bolas de vários tamanhos, inclusive gigantes! Após preparar o sabão, mergulhe canudinhos ou qualquer outro objeto que tenha furos, retire e assopre ou se movimente para fazer vento e encher as bolas.

Para fazer bolas gigantes, use duas varetas de madeira e dois pedaços de barbante grosso: um mais curto e outro mais comprido. Primeiro amarre o barbante mais curto nas varetas, formando uma linha reta. Em seguida, amarre o barbante mais comprido junto aos primeiros nós, para formar um "U", como mostra o desenho. Segurando as varetas uma em cada mão, mergulhe a formação de barbantes no sabão, retire e brinque com bolas incríveis!

Fórmula para o líquido:
7 copos de água, 1 copo de detergente de cozinha, 2 colheres de sopa de açúcar. Misture tudo com delicadeza, sem fazer espuma. Para ficar infalível, utilize glicerina no lugar do açúcar. Coloque num recipiente grande do tipo bacia.

1. Materiais: duas varetas de madeira e dois pedaços de barbante grosso: um mais curto e outro mais comprido.
2. Amarre o primeiro barbante nas varetas, formando uma linha reta no alto.
3. Amarre o barbante mais comprido junto aos primeiros nós, formando um "U" na parte inferior.

BRINCADEIRAS COM ÁGUA

LAVA LOUÇA

Esta brincadeira é ótima para as crianças pequenas aproveitarem os dias de calor. Com bacias, água, esponja e detergente, as crianças passam muito tempo na brincadeira de faz de conta, usando, sujando e lavando seus utensílios. Vale também lavar bonecas, roupinhas e o que mais a criatividade permitir.

SPLASH

A brincadeira já começa na hora de encher as bexigas com água. *Splash* é um desafio em duplas. Se tiver várias duplas, monte duas fileiras, de modo que cada criança fique de frente para seu parceiro. Para começar, a distância é bem curta. Ao sinal, todos lançam as bexigas para seus parceiros, que devem pegá-las sem deixar que estourem e, depois, lançá-las de volta. A cada jogada, a distância entre as fileiras fica maior. A dupla que deixar a bexiga estourar sai do jogo, até que reste apenas uma dupla vencedora.

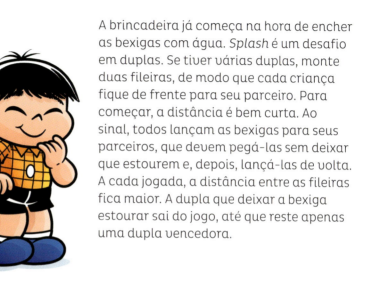

BRINCADEIRAS COM CARTAS

Os jogos de carta são ótimas opções de passatempo. Dentro de uma infinidade de jogos de cartas, a Turma da Mônica convida o leitor a aprender dois que são dinâmicos e divertidos para crianças e adultos.

PORCO

Selecione quatro cartas de mesmo número e de naipes diferentes para cada jogador e acrescente uma carta extra (curinga). O objetivo é juntar quatro cartas de mesmo número. Embaralhe e distribua as cartas. Todos ficam com quatro cartas, exceto um jogador, que começa com cinco. Este é o primeiro a jogar, passando uma carta para o próximo jogador sem mostrar aos demais. Quem recebe a carta passa outra para o próximo, e assim por diante. A pessoa que recebe o curinga não pode passar adiante na mesma rodada, só na próxima.

Todos jogam segurando suas cartas na mão, sobre a mesa, e o jogador que formar sua quadra primeiro abaixa as cartas na mesa. Os outros jogadores, mesmo sem ter a quadra, devem abaixar suas cartas imediatamente. Quem abaixar por último perderá a rodada e receberá uma marca na testa com a letra "P". Se perder novamente, receberá a letra "O", e assim por diante até formar a palavra "PORCO" e sair do jogo. A marca pode ser feita de batom ou rolha de cortiça queimada (é necessária a ajuda de um adulto para queimar a rolha).

TAPÃO

Embaralhe e distribua igualmente todas as cartas (do baralho) entre os jogadores. Cada jogador deixa suas cartas em um monte com os números virados para baixo. A brincadeira começa com um jogador colocando a carta de cima do seu monte aberta no centro da mesa, falando claramente a palavra "Ás". O próximo coloca sua carta aberta, fala "Dois", e assim por diante. Quando coincidir a carta aberta com a palavra dita, todos terão que colocar a mão sobre o monte o mais rápido possível, por isso o nome Tapão. O último a colocar a mão ficará com todo o monte, e o jogo será reiniciado com a palavra "Ás". Quem ficar sem cartas vencerá.

BRINCADEIRAS DE PALMAS

São brincadeiras ritmadas em que os participantes cantam enquanto batem as mãos umas com as outras, seguindo sequências de movimentos. A Turma da Mônica mostra aqui dois modos tradicionais dessa brincadeira: Nós quatro e Babalu.

NÓS QUATRO

Jogado em quatro pessoas posicionadas frente a frente, voltadas para o centro, formando duas duplas cruzadas. Seguindo a letra da música, todas batem palma: uma vez com as pessoas dos dois lados; uma vez com a pessoa de um lado; uma vez com a pessoa do outro lado; e, duas vezes as seguintes com a pessoa da frente, sendo que as duplas devem se alternar – enquanto uma dupla canta e bate palma por cima, a outra dupla, ao mesmo tempo, canta e bate por baixo, trocando depois as posições. A música é:

Nós (palma sozinho) *quatro* (palmas com as duas pessoas do lado, uma mão com cada pessoa)
Eu (palma sozinho) *com ela/ele*
(palma com o jogador de um lado)
Eu (palma sozinho) *sem ela/ele*
(palma com o jogador do outro lado)
Nós (palma sozinho) *por cima*
(palma por cima com o parceiro da frente)
Nós (palma sozinho) *por baixo*
(palma por baixo com o parceiro da frente)

BABALU

Jogado em duas pessoas, uma de frente para a outra. Seguindo a letra da música, batem as mãos na seguinte sequência:

Ba Ba Lu (batem as mãos unidas três vezes, tocando a mão do colega com as costas dos dedos)
Babalu é Califórnia (sua mão direita bate na mão esquerda e depois na do colega acima; sua direita bate novamente na esquerda e depois na do colega, abaixo)
Califórnia é Babalu (os dois dão a mão direita; depois, dão a mão esquerda, acima, e a direita acima novamente)
Estados (colocam uma mão na cintura)
Unidos (colocam a outra mão na testa)
Balança o seu vestido (dão uma reboladinha)
Prum lado (dão um pulo para o lado)
Pro outro (dão um pulo para o outro lado)
Assim é muito pouco (balançam o corpo)
Pra frente (pulam para a frente)
Pra trás (pulam para trás)
Assim é bom demais (fazem sinal de "joia" com o dedo polegar)
Pisa no chiclete (pisam no chão)
Dá uma rodadinha (giram o corpo)
Chifre de capeta (imitam um chifre)
Dança da galinha (imitam uma galinha)
Poti, poti, potipotipolá (pulos afastando e unindo os pés)
Quem ficar de perna aberta vai ter que rebolar

A mesma sequência de palmas também se faz com outra música:

Parara paratch, parara paratch, parará paratch, pararará!
Péréré pérétch, péréré...
Piriri piritch...
Póróró pórótch...
Pururu purutch...

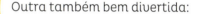

Outra também bem divertida:

Soco soco
Bata bate
Soco soco
Vira vira
Soco bate
Soco vira
Soco bate vira

A parlenda do "Adoleta" (página 101) e a música de pular corda "Com quem" (página 122) também são utilizadas para brincadeiras de palmas.

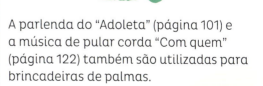

BRINCADEIRAS DE TRAVESSIA

As brincadeiras de travessia usam a estrutura da brincadeira de Pega-pega (página 104). Quanto mais gente participando, mais divertidas ficam. Elas geralmente são feitas na rua, mas também podem acontecer em qualquer outro espaço que seja amplo.

BARRA-MANTEIGA

O grupo é dividido em dois, ficando um em cada calçada. Todos em cima da calçada ficam com uma mão estendida à frente do corpo. Uma criança sorteada para começar vai ao outro lado e canta a música do jogo enquanto bate de mão em mão acompanhando as sílabas pronunciadas: "Barra-manteiga, barra-manteiga, 1, 2, 3". No 3, bate na mão de uma criança e foge de volta. Tem que conseguir chegar à sua calçada sem ser pega. Se for pega, ela passa para o outro time. A criança que levou a batida na mão recomeça, cantando enquanto bate nas mãos das crianças do lado de cá, e assim por diante. A pegadora poderá ser pega pelo outro time se não conseguir parar a tempo e invadir a calçada do outro lado.

BATATINHA FRITA 1, 2, 3

Todos ficam numa calçada, menos o batateiro (pegador), que está na calçada do outro lado. Quem chega primeiro à calçada do batateiro vence, tornando-se o próximo batateiro. As crianças só podem avançar quando o batateiro não está olhando. Para isso, ele se vira de costas, grita "Batatinha frita 1, 2, 3" e olha novamente para a frente. Esse é o tempo que as crianças têm para se aproximar. Quem for visto em deslocamento será acusado pelo batateiro e deverá retornar à calçada para reiniciar a travessia. Nesse mesmo jogo pode-se combinar que quem for visto tem que ficar como estátua, e quem se mexer volta ao início.

RIO VERMELHO

Todos devem atravessar a rua sem serem pegos pelo dono do rio. Para isso, gritam em coro "Queremos atravessar o rio vermelho!". O dono responde "Só com uma condição". E todos perguntam "Qual?". O dono responde "Só quem tem cabelo comprido!". E sai correndo para pegar. Todos devem atravessar ao mesmo tempo, e quem tem a condição dada não pode ser pego nessa passagem. Quem não tem deve atravessar com cuidado para não ser pego, fugindo do dono do rio. As condições dadas não podem ser repetidas.

BRINCADEIRAS DE TRAVESSIA

MÃE DA RUA

As crianças devem cruzar a rua pulando num pé só enquanto fogem da "mãe da rua", que pode correr normalmente, com os dois pés. É permitido atravessar a qualquer momento, mas uma vez que uma criança sai de sua calçada e pisa na rua, ela não pode mais retornar para a calçada de partida, tendo que chegar ao outro lado. A "mãe da rua", que pode se movimentar normalmente, ao pegar alguém precisa fazer com que a pessoa encoste os dois pés no chão. Quem é pego assume o papel de "mãe da rua".

BRINCADEIRAS DE TRAVESSIA

VAMPIRO VAMPIRÃO

As crianças ficam posicionadas como na Batatinha frita 1, 2, 3. O Vampirão fica sozinho de um lado, de costas para os outros, que começam do outro lado. Todos perguntam, gritando ao mesmo tempo: "Vampiro vampirão, que horas são?". A hora que for respondida pelo Vampirão corresponde à quantidade de passos que as crianças dão para a frente, e assim vão perguntando e avançando. Quando o Vampirão responde "Meia-noite!", ele se vira e corre para pegar. Quem é pego pelo Vampirão antes de chegar de volta à sua calçada torna-se vampiro junto com ele, e a brincadeira é reiniciada. Quando há vários vampiros, cada um fala as horas uma vez.

BOLA DE GUDE

Para jogar em chão de terra onde dê para fazer buracos e desenhar linhas, círculos e triângulos. Parece fácil quando vemos as crianças lançarem uma bolinha de gude com o impulso do polegar e acertarem a outra que está distante, mas na primeira tentativa percebemos que esse movimento requer bastante prática. Para adultos inexperientes ou crianças pequenas não desistirem, podem-se combinar modos de lançamento mais acessíveis no começo.

É importante combinar antes se o jogo será "à brinca" ou "à vera". No modo "à vera", as bolinhas estão em jogo e você pode ganhar ou perder bolinhas. Num jogo "à vera", você também pode combinar valor para as bolinhas – por exemplo, uma bolinha grande ou especial pode valer o equivalente a três ou quatro bolinhas pequenas ou mais comuns. No jogo "à brinca" o que vale é a brincadeira, e ninguém perde bolinhas.

Linha

Esta é a brincadeira mais simples de bolinha de gude, tanto que a Linha também é utilizada em outros jogos de gude para decidir quem começa jogando. Risca-se uma linha no chão, e todos lançam de longe. Quem lançar mais perto da linha ganha, e assim por diante.

Buque

Faça quatro buracos (buques), sendo três em linha reta numa distância de quatro palmos entre eles, e o quarto à direita do terceiro na mesma distância. Do lado esquerdo do terceiro, faça um buraco maior, que será o "bobo".

Faça uma linha de lançamento da qual todos iniciem o jogo.

Cada jogador tem que acertar os quatro buques num percurso de ida e volta seguindo a ordem dos buques: 1, 2, 3, 4, 3, 2 e 1. Só pode prosseguir na jogada se acerta o buque, senão passa a vez para o próximo. Cada um que completa o percurso vira matador e passa a eliminar as bolinhas que acerta, até que reste apenas um jogador. Se a bola cair no "bobo" durante o jogo, será preciso reiniciar o percurso de trás da linha de início.

Círculo ou Triângulo

Desenhe um círculo ou um triângulo no chão e combine quantas bolinhas cada um vai colocar dentro dele. Um jogador atira de cada vez, e o objetivo é tirar a maior quantidade de bolinhas de dentro do círculo. Quando o jogador acerta outra bolinha, joga novamente; quando erra, passa a vez. Se a bolinha parar dentro do triângulo, ela ficará presa com as outras. O jogador só poderá atirar nas outras bolinhas se a sua estiver a mais de um palmo de distância do triângulo.

Corre atrás

É um jogo tipo mata-mata. Vai jogando um de cada vez tentando acertar a bolinha do outro. Se acertar, eliminará o outro; se errar, deixará a sua no lugar para o próximo tentar acertar.

Curiosidade

Há registros de brincadeiras com nozes e avelãs em Roma, com castanhas e azeitonas na Grécia Antiga e com bolas de mármore em civilizações egípcias. Com o passar dos séculos, o jogo também foi sendo feito com argila, aço, pedras como ônix, jaspe e ágata, assim como plástico e vidro. No século I a.C., aproximadamente, foram encontradas as primeiras bolas de vidro. No Brasil, as bolinhas trazidas pelos portugueses ganharam o apelido "de gude" em referência ao nome das pedras redondas retiradas dos leitos dos rios. Além disso, outros nomes também passaram a ser usados: Baleba, Bila, Bilosca, Birosca, Bolita, Buque, Búraca, Búrica, Cabiçulinha e Peteca, entre outros. Em um de seus estudos, o psicólogo Jean Piaget pesquisa a formação do juízo moral observando a brincadeira de bola de gude entre as crianças.

CABO DE GUERRA

Esta é uma brincadeira para quem quer fazer uma disputa de força. Por isso, também é chamada de Cabo de força, com a intenção de promover a paz.

Encontre o meio de uma corda grande e amarre um lenço. Faça duas linhas no chão e centralize o lenço entre elas. Um time segura de cada lado e, ao sinal de início, os dois começam a puxar a corda para trás. Quando o lenço ultrapassa a linha, o time deste lado vence.

Há uma versão sem a corda: um chefe de cada equipe fica de frente para o outro, e ambos seguram num mesmo bastão. Os restantes formam uma fila atrás do chefe, e cada um segura na cintura da pessoa da frente até chegar ao chefe. Todos puxam para trás, e vence o time que consegue trazer mais pessoas para o seu lado do campo.

No Brasil, as crianças indígenas das comunidades xavantes e guaranis, dos estados de São Paulo e Espírito Santo, têm uma brincadeira bem parecida que chamam de "arrancar a mandioca", em referência ao movimento de colher a mandioca e à força necessária para isso. Uma pessoa senta ao pé de uma árvore (pode ser um poste) e a abraça com força. Faz-se uma fileira de crianças sentadas, uma atrás da outra, segurando na cintura da criança da frente até chegar ao chefe, que é o dono da roça de mandioca e quem autoriza a tirar cada criança-mandioca, uma a uma. Quem puxa é uma pessoa forte que fica em pé atrás da última da fila. Esta pode pedir ajuda para quem já saiu ou usar outras estratégias, como puxar pelo pé ou fazer cócegas. (Entre os xavantes é proibido fazer cócegas.) Na região do cerrado, a brincadeira recebe o nome de Tatu, porque quando este animal se esconde na toca, não é fácil tirá-lo dali, mesmo que seja puxado com toda a força pelo rabo.

Curiosidade

Existem registros do Cabo de guerra em cerimônias religiosas egípcias há quatro mil anos. Também na civilização grega e em tribos na Ásia e nas Américas ele era usado para determinar o grupo mais forte e poderoso. Depois, chegou a fazer parte de cinco edições dos Jogos Olímpicos como uma modalidade do atletismo (Paris, em 1900; St. Louis, em 1904; Londres, em 1908; Estocolmo, em 1912, e Antuérpia, em 1920), com equipes mistas de cinco a oito pessoas.

CABRA-CEGA (GATO MIA)

Brincadeira antiga e popular entre as crianças. Coloque uma venda nos olhos de uma pessoa e a faça girar algumas vezes, para ficar desnorteada. Os outros ficam em volta gritando "Ó, cabra-cega!", "Ó, cabra-cega!", ou tocando nas costas da pessoa e fugindo para não serem pegos. De olhos vendados, a cabra-cega tem que pegar alguém e tem duas chances para adivinhar quem pegou, podendo tocar no rosto e no cabelo. Se acerta, a pessoa pega vira a próxima cabra-cega. Se erra, continua a ser a pegadora.

Variação
Uma variação bem legal da Cabra-cega é o Gato mia, geralmente feito em ambientes escuros, como o quarto de dormir ou a sala. O pegador, de olhos vendados, vai falando "Gato mia", e os gatos respondem "Miau", orientando (ou confundindo) o pegador pelo som do miado. Quem é pego responde, e o pegador tenta identificar quem é só pelo miado, sem tirar a venda dos olhos. Dá para combinar se o pegador tem uma só chance para descobrir quem pegou ou se tem duas ou três.

Curiosidade
A Cabra-cega surgiu na Grécia há mais de dois mil anos. É jogada em vários países, com nomes parecidos: *Blindekuh* ("Vaca-cega") na Alemanha; *Mosca cieca* ("Mosca-cega") na Itália; e *Colin-maillard* ("Cabra-cega" mesmo) na França.

CASCÃO!

CAMA DE GATO

Brincadeira em que se entrelaça um barbante nos dedos das mãos, formando figuras como estrela, pé de galinha, flecha, flor, rede, casa, diamante e peixe, entre outras; ou então fazendo mágicas que passam o barbante por todos os dedos e se soltam com um só puxão. Tudo isso exige concentração para fazer os movimentos certos e dedicação para adquirir agilidade na execução dos desenhos e das mágicas.

Curiosidade
Esta brincadeira secular não tem origem definida. É encontrada entre culturas indígenas de várias partes do mundo, como os maoris da Nova Zelândia, os esquimós do Ártico, os índios norte-americanos e em várias tribos africanas. Os uapixanas de Roraima fiam o algodão e brincam com os pedaços que sobram. Os kalapalo do Parque Indígena do Xingu, no Mato Grosso, chamam essa brincadeira de *Ketinho Mitselü* e utilizam um fio trançado de palha de buriti para fazer animais e figuras da mitologia e de suas atividades cotidianas.

Entre as várias brincadeiras de barbante, uma delas requer a interação de duas pessoas, e é por isso que apresentamos a Cama de gato: uma pessoa passa as mãos por dentro de um barbante de 1 metro com as pontas amarradas e afasta uma mão da outra, formando um retângulo com o barbante. Para fazer a cama, enrola uma volta em cada mão, passando pela palma, e busca o barbante da mão oposta, um de cada vez, passando o dedo médio por trás da volta da palma da outra mão e afastando novamente para esticar o barbante. É aí que entra a segunda pessoa com as mãos por cima, pinçando com o polegar e o indicador o "X" formado de cada lado. Num movimento contínuo, ela puxa os fios para cima, afasta para fora do retângulo e abaixa por fora até enfiá-los por dentro do retângulo de baixo para cima, esticando para formar um novo retângulo que agora fica apoiado nos polegares e nos indicadores, os quais apontam para cima. Assim o barbante vai sendo passado de uma pessoa para a outra, com o desafio de criar novas formas, sem escapar nem dar nó.

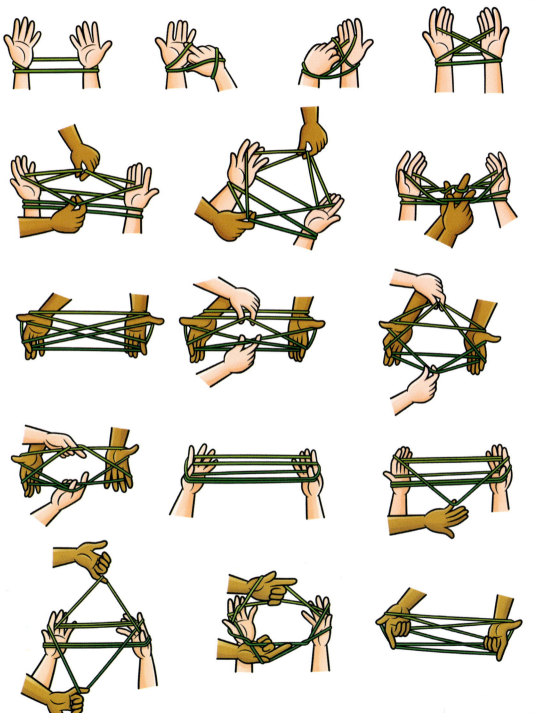

Dica
Cuidado com as mãos, pois ficam muito próximas do asfalto e das rodas (que podem pegar os dedos nos momentos de impulsão). Aproveite as derrapagens (que são fáceis) e faça "cavalos de pau" para aumentar a emoção. Use equipamento de proteção, como luvas, cotoveleiras, capacete e tênis.

CARRINHO DE ROLIMÃ

Brinquedo para apostar corrida ou, simplesmente, sentir a emoção de pilotar numa ladeira ou ser empurrado por um colega numa superfície plana. Construído com uma tábua, dois caibros de madeira, pregos ou parafusos, três ou quatro rolamentos (geralmente usados e descartados em oficinas mecânicas), serrote e martelo. Também pode ter encosto e freio. Quem quer investir mais na brincadeira pode utilizar outros recursos e materiais para tornar o carrinho mais sofisticado, como estruturas metálicas, carenagens, assentos, rodas de poliuretano, e assim por diante.

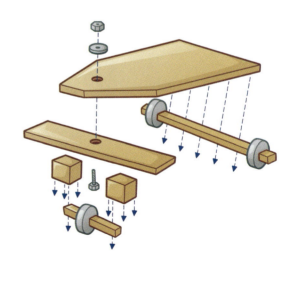

CINCO MARIAS

Também conhecido como Jogo das pedrinhas, consiste em lançar para o alto com a mão um dos cinco saquinhos (ou pedrinhas) e pegar os demais que ficaram no chão.

É uma brincadeira que evolui em cinco fases. Para iniciar cada fase é necessário ter um saquinho de lançamento. Lance os saquinhos para o alto, apanhe um deles com as costas da mão e deixe os outros no lugar em que caíram. Se for muito difícil apanhar o saquinho dessa maneira, faça diferente: escolha o saquinho que vai jogar, lançando todos no chão e pegando um sem encostar nos outros. Esse será seu saquinho de lançamento.

- **Fase 1:** lançar o saquinho para cima, pegar um dos outros quatro que estão no chão e segurar o saquinho na volta, com a mesma mão, sem deixá-lo cair no chão. Repetir apanhando todos os saquinhos restantes, um de cada vez.
- **Fase 2:** repetir a etapa anterior, lançando um saquinho e recolhendo de dois em dois os que estão no chão.
- **Fase 3:** repetir pegando um saquinho e, depois, os três restantes ao mesmo tempo.
- **Fase 4:** repetir pegando os quatro saquinhos de uma só vez.
- **Fase 5:** última etapa. Apoie o polegar e o indicador da outra mão no chão, mantendo os outros três dedos fechados, formando um "túnel" pelo qual os quatro saquinhos restantes deverão ser passados, um de cada vez, enquanto o saquinho escolhido for lançado ao ar. Nesta fase, o lançamento dos saquinhos é diferente. Com a mão do "túnel" apoiada no chão, a mão com os saquinhos a serem lançados deverá passar por baixo do antebraço da mão apoiada, e os saquinhos, lançados de trás para a frente por cima do túnel, caindo próximos à entrada para serem passados nos lançamentos seguintes.

Se deixar cair algum saquinho, passará a vez para o outro.

Algumas crianças usam um saquinho maior, que é utilizado para lançar, e os outros menores (para facilitar a pegada).

70

Curiosidade

A origem do Jogo das pedrinhas não é conhecida, mas os estudos feitos por pesquisadores estimam que tenha mais de vinte séculos. Existem registros no Império Romano e na Grécia Antiga como Jogo dos ossinhos: lançavam ossos de patas de carneiro para consultar os deuses ou tirar a sorte. Ao se espalhar pelo mundo, transformou-se em brincadeira jogada com pedrinhas, saquinhos recheados de areia ou arroz – comuns no Brasil – ou metais.

CORRE, CUTIA

Brincadeira de pegador em formato de roda cantada, também conhecida como Lenço atrás. Todos sentam numa roda voltados para o centro. Um jogador começa segurando um lenço na mão, em pé, girando ao redor da roda enquanto todos cantam:

*Corre, cutia
Na casa da tia
Corre, cipó
Na casa da vó
Lencinho na mão
Caiu no chão
Moça bonita do meu coração
Pode jogar?
Pode!
Ninguém vai olhar?
Não!*

Quando a música termina, todos fecham os olhos, e o jogador deixa cair o lenço atrás de uma pessoa. Esta, ao perceber, deve apanhar o lenço e correr atrás de quem jogou, para pegá-lo antes que ele sente em seu lugar. Se for pego, irá para o meio da roda "chocar" ou "pagar mico". Se conseguir sentar sem ser pego, ficará no lugar do outro, que recomeçará correndo em volta da roda. Todos cantam novamente, e assim por diante.

Essa brincadeira também é chamada de Chicotinho queimado, e as crianças cantam:

*Chicotinho queimado
É de roda, roda
Quem olhar pra trás
Leva chicotada.*

Curiosidade
Há outra brincadeira que também se chama Chicotinho queimado, mas é bem diferente: nela, uma criança é o "chicotinho queimado" e deve esconder um objeto. Enquanto as outras procuram, ela dá dicas de "quente" quando estão perto e "frio" quando estão longe.

Dica

E se a criança for pega, mas não quiser "chocar" nem "pagar mico"? É preciso considerar principalmente a idade dos participantes, para avaliar se a regra está adequada. Sempre há alternativas para que todos possam brincar. "Pagar mico" é uma situação de exposição que exige certa maturidade para ser aceita, mesmo sendo de brincadeira. Algumas crianças preferem não brincar para não terem que passar por isso.

CORRIDA PÔ

É uma mistura de corrida com Jokenpô, e a sorte vale mais que a velocidade. Portanto, primeiro vamos conhecer as regras do Jokenpô, também conhecido como Pedra, papel e tesoura.

O Jokenpô é jogado em dupla, um contra o outro. Enquanto falam "Jo-ken-pô", balançam a mão fechada e, ao terminar, cada um faz uma das três posições de mãos:

- **Mão fechada:** pedra, que ganha da tesoura (quebra) e perde do papel (é embrulhada por ele).
- **Mão aberta:** papel, que ganha da pedra (embrulha) e perde da tesoura (é cortado por ela).
- **Mão fechada com o indicador e o médio estendidos:** tesoura, que ganha do papel (corta) e perde da pedra (é quebrada por ela).

Assim, para fazer a Corrida pô, primeiro se desenha uma pista única de corrida, riscando-a no chão ou utilizando as linhas de uma quadra esportiva. O jogo começa com um time de cada lado em fila. Os primeiros da fila saem correndo ao mesmo tempo em sentidos opostos. Quando se encontram, tiram Jokenpô, e o vencedor segue na pista enquanto o perdedor volta para o final da sua fila, que dispara o próximo na pista assim que percebe que seu colega perdeu a disputa. Vence a equipe que cruzar a linha de chegada, feita com uma marca dois metros antes da linha de largada do outro time.

Lembrete
Não vale escalar no Jokenpô! "Escalar" é o nome que se dá, em disputas do tipo "par ou ímpar", àquela situação em que um dos jogadores atrasa a colocação da sua mão para primeiro ver o que o outro coloca e, assim, escolher rapidamente a posição que vença a outra mão. Apesar de isso demonstrar grande rapidez de raciocínio, é considerado trapacear, portanto quem escala perde!

DETETIVE

É uma brincadeira de atenção, sem correria, que pode ser feita com os jogadores sentados em roda ou caminhando num espaço pequeno.

Cada um retira um papel, em segredo, que contém seu personagem. Este pode estar escrito, desenhado ou ser uma carta de um baralho. Nesse caso, as cartas podem ser:

- **Ás:** assassino.
- **Valete:** detetive.
- **Número:** vítima.
- **Rei:** anjo ou beijoqueiro.

Os objetivos do jogo são individuais e dependem do papel que cada um assumir:

- **Assassino:** matar mais da metade dos participantes piscando com um olho só para as vítimas. Se piscar para o detetive, será preso, e a partida terminará.
- **Detetive:** descobrir quem é o assassino e dizer "Preso em nome da lei!". Se acusar errado, terá mais uma chance, mas dessa vez o assassino já saberá quem é o detetive e poderá disfarçar mais.
- **Vítima:** manter-se vivo. Não pode virar para fora da roda nem tampar os olhos.
- **Anjo ou beijoqueiro:** salvar as pessoas mortas mandando um beijinho de longe. O anjo não tem imunidade e também pode ser morto pelo assassino.

Durante o jogo, a pessoa que morrer deixa sua carta aberta à sua frente, indicando que morreu, ou então se atira no chão fingindo uma cena de morte.

Quem descobre o assassino não pode contar quem é, senão estraga o jogo.

Caso haja crianças pequenas que não conseguem piscar um olho só, elas podem brincar mostrando a língua rapidamente em vez de piscar.

Dica

Neste jogo dá uma vontade enorme de denunciar o assassino. Se isso acontecer com você, aproveite a oportunidade para treinar seu autocontrole e não conte quem é. Isso pode estragar a brincadeira.

ESCONDE-ESCONDE

O pegador "bate cara" de olhos fechados num pique (ou "piks", o lugar combinado, que pode ser uma árvore ou um poste) e conta até 30 em voz alta, enquanto os outros se escondem. Quando termina, grita "Lá vou eu!" e começa a procurar. Para cada um que encontrar, deverá voltar ao pique, bater três vezes, dizer o nome de quem achou e falar em voz alta "1, 2, 3, (nome da criança encontrada) pego". Para se salvar, a pessoa escondida deve correr para chegar ao pique antes do pegador, bater três vezes e dizer "1, 2, 3, salvo eu". Se o pegador conseguir pegar a todos, o jogo será reiniciado, e o próximo pegador será o que foi pego em primeiro lugar. O último que ficar escondido poderá, se quiser, salvar a todos se conseguir chegar ao pique e gritar "1, 2, 3, salvo o mundo". Neste caso, o pegador continuará o mesmo, e o jogo será reiniciado.

Variação

- **Chuta lata:** o pique é uma lata vazia (de leite em pó ou similar). O jogo começa com um chute na lata para longe do local determinado como pique, enquanto todos fogem para se esconder. O pegador deve buscar a lata, trazer para o lugar do pique e pegar as pessoas que encontrar batendo a lata três vezes no chão para fazer barulho, enquanto diz "1, 2, 3, (nome) pego". Se alguém conseguir chutar a lata antes de ser pego, salvará todos os pegos, que devem ser rápidos para se esconder enquanto o pegador traz a lata de volta ao pique e recomeça a pegar. Cada pegador só pode permanecer na função por três rodadas. Na terceira vez, quem chutou a lata pode escolher o próximo pegador. Em São Paulo, o jogo também é conhecido como Pé na bola, e se joga com uma bola no lugar da lata.

- **Pique-esconde (Esconde-pega):** o jogo se inicia da mesma maneira que o Esconde-esconde e tem outra maneira de pegar. Quando encontra uma pessoa escondida, o pegador deve tocá-la antes que ela chegue ao pique, o que torna o jogo mais parecido com uma brincadeira de Pega-pega.

- **Sardinha:** também conhecido como Esconde-esconde ao contrário. Aqui todos batem cara de olhos fechados enquanto uma pessoa se esconde. À medida que as pessoas vão encontrando o escondido, vão se juntando a ele sem que os outros percebam, ficando "espremidas" como sardinha em lata. O primeiro a encontrá-lo será o próximo a se esconder. O último a encontrar "paga um mico" previamente combinado. O escondido pode chamar as pessoas para o esconderijo de maneira disfarçada.

Dica

Na brincadeira de Esconde-esconde, quando o pegador fica próximo ao pique por um longo período sem achar ninguém, as outras crianças dizem que está "guardando caixão". Por isso, a dica é combinar com todos se isso será permitido ou não.

ESTÁTUA

Brincadeira simples e divertida que pode ser feita em qualquer ambiente, com duas ou mais crianças. Enquanto a música toca, todos dançam; quando a música para, todos devem ficar imóveis como estátuas. Algumas adaptações deixam a brincadeira mais divertida, como não poder rir e ter que fazer uma estátua de monstro, ou estátua baixinha, ou estátua gorducha, ou estátua de careta, etc., conforme o pedido do chefe, que avisa antes de a música parar. Também dá para dançar de formas divertidas, como dança de maluco, dança do escorrega, dança do sapo, etc. Caso não haja um aparelho de som, é possível usar alternativas como cantar, bater palmas ou tocar um instrumento. Dá para brincar até mesmo sem som, gritando "Estátua!" para todos pararem de se mexer. Também é possível provocar o riso nas pessoas fazendo caretas, mas sem tocar as estátuas.

Curiosidade
Algumas pessoas podem conhecer essa brincadeira com uma regra diferente, pois em muitos lugares ela é um jogo de exclusão, isto é, quem se mexer sai da brincadeira. Aqui a brincadeira de Estátua foi apresentada seguindo o princípio de não exclusão, um dos conceitos principais dos jogos cooperativos.

EU VOU PRA LUA

É um passatempo divertido e pode ser feito em qualquer espaço. Trata-se de um jogo de códigos que os jogadores precisam descobrir para acertar o que podem levar para a lua. Uma pessoa (o chefe) pensa num código e lança o desafio para os outros, dizendo que vai para a lua e que vai levar certo objeto. Os outros, um de cada vez, vão tentando acertar quais objetos podem levar, falando "Eu vou para a lua e vou levar um (...)". O chefe diz se a pessoa pode levar aquilo ou não, isto é, se contempla o código, pode; se não, não pode levar. Quando chega a vez do chefe, ele fala novamente que vai para a lua e cita outro objeto. Assim, as pessoas vão tentando descobrir qual o código em que o chefe pensou e, uma vez que descobrem, não erram mais.

FUTEBOL

Para quem gosta de futebol, basta ter uma bola que o jogo começa. Vale até jogar sozinho, brincando de driblar as almofadas e marcando o gol embaixo da cadeira (sem quebrar nada na sala, é claro). Algumas brincadeiras que usam os princípios do futebol são clássicas para quem quer se divertir jogando bola, principalmente quando não existe uma quadra à disposição nem dois times completos para um jogo oficial.

Artilheiro

Disputa entre duas duplas. Cada dupla tem um goleiro, que lança, e um artilheiro, que chuta com direito a apenas um chute em cada ataque. Quando marca um gol, a dupla tem que trocar as posições – ou seja, quem era artilheiro vira goleiro, e vice-versa. O jogo não para enquanto se faz a troca, então vale marcar se o goleiro não chegar a tempo – aliás, é o melhor momento para isso.

Bobinho

É a brincadeira mais popular entre as de bater bola. Duas ou mais pessoas tocam a bola em volta do bobinho, que fica no meio tentando interceptar os passes. Se conseguir, sai da posição de bobo, e quem tocou por último entra no seu lugar. Algumas variações legais: um toque só (quem der dois toques seguidos na bola entra no bobo); dois toques; se tomou rolinho (drible entre as pernas) ou chapéu (drible por cima da cabeça), fica mais uma vez no bobo; dois ou mais bobinhos se houver bastante gente jogando.

Lembrete
Brincadeiras de criança sempre são inocentes e divertidas? No jogo do bobinho, por exemplo, como o nome diz, os jogadores se divertem tentando fazer de bobo um dos jogadores. Por que será então que se tornou tão popular? O sucesso do jogo pode estar justamente no desafio de não ser bobo.

Copinha

Para jogar num gol só. O goleiro lança a bola para os jogadores, que driblam cada um por si. Quem faz gol se classifica para a próxima fase e aguarda a disputa dos restantes sem jogar. Todos que fazem gol se classificam até restar um, que estará desclassificado e não participará mais das próximas rodadas. Dessa maneira, sai um jogador por rodada até que fiquem apenas dois na disputa. Quem marcar será o campeão. Pode-se combinar de eliminar os dois últimos a cada rodada se houver mais gente jogando.

Gol a gol

Perfeito quando são apenas duas pessoas e uma quadra. Cada um é goleiro e atacante ao mesmo tempo. Pode chutar até o meio de campo e, se acertar a trave, ganhará um pênalti.

Linha

Dois times atacam no mesmo gol. O goleiro dá um "bicão" para longe, e o time que domina a bola começa o ataque. O outro defende e também ataca se dominar a bola.

Melê

Também conhecido como 3 dentro 3 fora. Numa trave só, um goleiro joga contra dois ou mais atacantes. Ele deixa o gol se marcar 3 pontos. Se os atacantes marcarem 3 pontos, o goleiro ficará mais uma partida. Os atacantes vão tocando em frente à área e só podem chutar a gol quando recebem a bola no ar. Bola dentro da área só pode ser atacada de cabeça. Os atacantes marcam ponto fazendo gols, e o goleiro marca ponto de três maneiras: defendendo o ataque ao gol, pegando um passe dentro da área e quando o atacante chuta para fora.

FUTEBOL DE TAMPINHAS

É um jogo rápido, prático e divertido, jogado entre duas pessoas em uma mesa ou no chão. Se for na mesa, esta é o limite do campo. No chão, convém combinar os limites do campo ou mesmo riscar as linhas. São necessárias apenas três tampinhas de garrafas (as tampinhas de metal são melhores para jogar), mas podem ser também pedrinhas ou bolinhas de papel.

Um jogador ataca por vez, enquanto o outro monta o gol com os dedos polegar e indicador de cada mão formando um "L" e depois um retângulo, unindo as pontas dos polegares e tocando as pontas dos indicadores na mesa. Quem começa atacando posiciona suas três tampinhas em forma de triângulo próximas ao seu gol. As tampinhas devem ser impulsionadas com toques (não vale conduzir ou arrastar) feitos com a lateral do dedo, com a ponta do dedo ou com a unha em petelecos.

Cada tampinha tocada deve cruzar pelo meio das outras duas. Após tocar em todas as três tampinhas, o jogador fica liberado para o "chute" a gol. Se durante o ataque a tampinha sai do campo ou não passa pelo meio das outras, o jogador perde o ataque e passa a vez para o outro, que posiciona as tampinhas e começa seu ataque.

Podem-se combinar limites de ataques ou mesmo de toques em cada ataque. Uma regra comum é o quarto toque ter que ser o tiro ao gol.

JACARÉ

Esta é uma variação da brincadeira de Pega-pega. Os pegadores são caçadores e os fugitivos são jacarés. Os piques de proteção dos jacarés são chamados de lagoas, e o zoológico é o lugar para onde são levados os jacarés pegos pelos caçadores.

Primeiro, monte o campo, distribuindo pelo espaço três lagoas com 3 a 4 metros de diâmetro cada (riscadas ou feitas com cordas) e fazendo o zoológico com quatro jaulas em linha, encostadas uma na outra, feitas com quatro banquinhos ou bambolês, ou ainda riscadas no chão.

Em cada rodada de jogo há uma dupla de caçadores, e os restantes são jacarés. Os jacarés pegos são levados ao zoológico e devem entrar somente pela jaula 1. Quando o próximo jacaré chega ao zoológico, deve entrar na jaula 1, e o que está lá deve passar para a 2, e assim por diante. Quando há jacaré na jaula 4, ele volta ao jogo quando chega mais um para entrar no zoológico, dando espaço para os outros.

Convém mudar os caçadores a cada 5 minutos, pois eles se cansam muito nessa posição.

Variação
Há uma variação que conta com um personagem a mais, chamado de Pique-pique: um robô caçador à prova d'água que pega dentro das lagoas e fora também, porém não pode correr e tem que emitir o som de "pique-pique", balançando as mãos à frente do corpo, imitando robô. Neste caso, serão três caçadores.

MÍMICA

A mímica é uma forma de expressão por meio de gestos, utilizada inclusive para a comunicação entre pessoas que falam línguas diferentes ou mesmo que não falam. No nosso caso, vira uma brincadeira que estimula a criatividade, a imaginação e a memória.

A forma mais encontrada dessa brincadeira que diverte grupos de qualquer idade é uma disputa entre duas equipes. Uma pessoa do grupo é retirada, e a ela é passado o tema da sua mímica, que pode ser um filme, uma profissão, um objeto, etc. Ela faz a mímica para sua equipe descobrir. Não vale emitir sons; ela só pode fazer movimentos corporais. Seu grupo vai tentando acertar até o final do tempo combinado. Acertando, marca um ponto; não acertando, permite ao outro grupo uma tentativa de acertar. Depois será a vez do outro grupo, e assim vão alternando.

Variação

Imagem e ação é uma brincadeira que utiliza a mímica combinada com uma imagem desenhada pelo jogador, utilizando papel e caneta ou mesmo giz no chão. Dentro do tempo combinado, a pessoa pode fazer gestos e desenhos para seu grupo adivinhar o que ela quer expressar.

PAREDÃO

É um jogo praticado por crianças a partir de 9 anos, pois exige mais habilidade física.

O gesto do paredão imita a cortada do vôlei. A bola deve ser rebatida com uma mão, que pode estar aberta ou fechada. Diante de uma parede grande, faz-se uma fila para determinar a ordem dos jogadores.
O primeiro da fila lança a bola, que deve tocar primeiro no chão e, em seguida, na parede. Quando a bola retorna da parede, é tocada pelo próximo e também deve tocar no chão uma vez; em seguida, a parede, e no retorno é a vez do próximo. O jogador seguinte pode rebater a bola antes que esta caia no chão ou depois que tocar no chão apenas uma vez. Se a bola tocar no chão duas vezes, o próximo estará eliminado. Também será eliminado se a bola bater diretamente na parede sem antes tocar no chão.

Quando um jogador é eliminado, o jogo recomeça seguindo a mesma ordem da fila para os que continuam jogando, até que reste apenas um, o vencedor da partida.
Se a bola for rebatida para outra parede, ou mesmo um banco, uma coluna ou uma pessoa, isso será chamado de quina, e o jogo recomeçará. Três quinas eliminam o jogador.

Se alguém atrapalhar a jogada do próximo durante a movimentação e o fizer errar, isso não o eliminará. A pessoa grita "Atrapalhou!", e a jogada recomeça.

Quando uma nova rodada é iniciada, o segundo da fila é o único que pode recusar ou aceitar o lançamento do primeiro, colocando a bola em jogo. Caso recuse, a bola é lançada novamente.

Dica
Este é um jogo que exige bastante movimentação corporal. Seria então impraticável para uma criança com deficiência, como um cego ou um paraplégico? Considerando que o brincar permite flexibilizar as regras, quando tiver um colega nessa situação ou mesmo se for você, pense numa forma de incluir essa criança na brincadeira de maneira que o jogo continue gostoso para todos. Seja criativo e amigável.

PARLENDAS

Entre as diversas formas de escolher quem começa um jogo, além de par ou ímpar, dedos iguais, cara ou coroa e Jokenpô, estão as parlendas: versos que são recitados enquanto se aponta para um concorrente a cada sílaba, até terminar o verso. Quem for apontado ao final do verso começará o jogo.

Algumas parlendas:

Minha mãe mandou eu escolher este daqui
Mas como eu sou teimoso vou escolher este daqui, 1, 2, 3

Pomponeta peta peta, petá pê rugi,
Pomponeta peta peta, petá pê trin

Uni duni tê, salamê minguê
Um sorvete colorê,
o escolhido foi você

Dica

É comum vermos crianças de 4 ou 5 anos cantarem a parlenda, apontarem o dedo para cada um e terminarem apontando para si ou para a criança que elas querem que seja sorteada. Crianças mais velhas realizam rápidos cálculos mentais e também tentam manipular o resultado, mas seus colegas, também mais velhos, identificam tais manobras, reclamam e assim vão construindo seus valores morais.

A do lê tá, le peti peti polá
Les café com chocolá, A do lê tá
Puxa o rabo do tatu,
quem saiu foi tu
Tucaninho tucanão,
vou bater na sua mão

Lá em cima do piano,
tem um copo de veneno
Quem bebeu morreu,
o azar foi seu

Curiosidade

Adoleta também é uma brincadeira de palmas. Os jogadores formam um círculo e deixam as mãos à frente do corpo com as palmas voltadas para cima. Cada um apoia sua mão direita sobre a mão esquerda do colega que está à direita. Começa com uma pessoa batendo com sua mão direita na mão direita do colega à sua esquerda. Este, por sua vez, faz o mesmo com o colega da esquerda, e assim por diante. A cada tapa, a mão que bateu retorna à posição inicial. As batidas vão acompanhando a música até que o último seja excluído caso o penúltimo bata em sua mão. Se ele for rápido o suficiente para não tomar o tapa, o penúltimo sairá, porque não conseguiu bater na mão do colega.

PASSA ANEL

As pessoas ficam numa fila, sentadas lado a lado ou em pé, com as mãos unidas à frente do corpo. Uma delas também fica com as mãos unidas carregando um anel dentro delas. Vai passando sua mão dentro das outras, uma de cada vez, deixando o anel cair numa delas sem que os outros percebam. Enquanto passa, vai falando "Passa anel, passa anel...".

Quando passar por todas, mostra sua mão vazia e pergunta a uma delas com quem está o anel.

Este é o momento de disfarçar, para dificultar a descoberta de quem está com o anel. Se a pessoa acerta, torna-se o passador; se erra, quem está com o anel torna-se o próximo passador. Existe também outra maneira de jogar: o mesmo passador repete se o outro não acertar.

PEGA-PEGA

Esta é uma das brincadeiras prediletas da meninada. É comum ver uma criança pequena provocar ou desafiar o amigo e sair correndo, enquanto fala "Você não me pega!". Talvez por isso a estrutura dessa brincadeira tenha se tornado base para muitas outras que colocam em jogo a agilidade para correr, desviar, fugir e pegar.

A versão mais tradicional é Pega-pega mesmo, em que a criança que é pega vira o próximo pegador.

Por ser uma atividade cansativa, muitas vezes os participantes combinam um local de proteção e descanso, chamado de pique (ou "piks").

Agacha fruta

Nesta versão, para se proteger do pegador os fugitivos se agacham e falam o nome de uma fruta; mas não podem ficar abaixados por muito tempo nem repetir a fruta.

Cada macaco no seu galho

Aqui o pegador grita "Cada macaco no seu galho!" e corre atrás para pegar. Quem quiser se proteger tem que se pendurar em qualquer lugar e tirar os pés do chão. Quem for pego será o próximo pegador.

Dica
Em todas as brincadeiras que têm pique, é bom combinar se o pegador pode ou não "guardar caixão", que significa ficar esperando próximo ao local.

Lembrete
As brincadeiras de pegador, que atraem a maioria das crianças, fazem parte do enorme grupo de brincadeiras que não dependem de brinquedos. Elas são divertidas e trazem muitos benefícios ao desenvolvimento físico.

Duro ou mole

Quando o pegador toca em alguém, fala "Duro!", e este fica parado como uma estátua até ser tocado por outro que o salve, falando "Mole!". Duas pessoas pegas não podem se salvar. É possível colocar mais de um pegador para o jogo ficar mais animado.

Elefante colorido

O pegador grita "Elefantinho colorido!", e os outros perguntam "Que cor?". Ele fala a cor e corre atrás para pegar. Quem quiser se proteger num pique terá de tocar em algum lugar que tenha a cor que foi pedida. Não vale a cor que está na sua roupa e não vale pedir cor repetida.

Duro ou mole espelho

Igual ao Duro ou mole, só que nesta versão quem é pego faz uma pose de estátua e para ser salvo alguém tem que ficar frente a ele, imitando sua posição como se fosse um espelho.

Pega-pega americano

Quem é pego fica parado com as pernas afastadas. Para ser salvo, alguém precisa passar por baixo de suas pernas. O pegador não pode pegar quem está salvando.

PIÃO

Sem dúvida, é um dos brinquedos mais difíceis para aprender a brincar, mas todo o esforço dispensado é recompensado pela alegria de ver seu pião ganhando vida e rodando com energia, alguns até apitando.

O primeiro passo é enrolar a fieira (ou o cordel) com firmeza no pião, passando uma volta pela cabeça e levando-a até a ponta, tracionando-a no prego e enrolando-a nas primeiras voltas firmemente para não escapar até passar a metade do pião. Depois, prende-se a sobra do cordão dando voltas entre os dedos para ficar presa e a mão toda ficar livre para lançar.

Deve-se segurar o pião entre o polegar e o indicador, fechando os outros dedos para ter firmeza no movimento.

O lançamento precisa ter energia e ser direcionado para a frente, como se faz com um chicote. Desse modo, o cordel se desenrola inteiro antes de o pião tocar o chão. O jogador também pode, no final, puxar a fieira para trás, aumentando a rotação. Também se lança em forma de gancho. Se o pião chegar ao chão deitado ou de ponta-cabeça, corrija os próximos lançamentos até acertar.

Uma vez sabendo rodar o pião, você pode escolher várias brincadeiras para fazer com ele.

Barroca

Todos atiram o pião dentro de um círculo desenhado no chão. Quem tirar outro pião da área delimitada vencerá. O pião tem que bater dentro do círculo e sair rodando. Se parar dentro, terá que ficar lá. Quem tirá-lo com um lançamento vencerá.

Boi

Os jogadores fazem um círculo no chão de terra e enterram um pião dentro. O objetivo é tirar o pião enterrado com seus lançamentos. Se o seu pião parar dentro do círculo, ficará morto e o dono perderá esse pião. Quem conseguir tirá-lo do círculo ganhará o pião.

Pião de guerra

Aqui deve-se lançar o pião para cima e pegá-lo na mão. Ele tem que continuar girando na mão.

Gira mais

Todos lançam ao mesmo tempo, e o pião que permanecer em pé por último será o vencedor.

Curiosidade
O pião mais antigo do mundo, encontrado em Tebas, na Grécia, e datado de 1250 a.C., está em exposição no Museu Britânico. Mas também há conhecimento de um pião datado de aproximadamente 4000 a.C., feito de argila e encontrado às margens do rio Eufrates, na região da Mesopotâmia.

Dica
Da mesma forma que a bola de gude, o pião pode ser jogado "à brinca" (de brincadeira) ou "à vera" (de verdade). Se for "à vera", quem vence o desafio ganha o pião do outro. No jogo "à brinca", valem apenas os pontos do jogo e não o pião. Existe ainda uma brincadeira que é quebrar o pião do outro, mas essa tem que ser bem combinada antes.

PIPA

A ligação entre a terra e o céu... Soltar pipas é uma brincadeira que conecta a criança à natureza, desde a preparação das varetas até a utilização da energia do vento que faz a pipa subir. As pipas são conhecidas como papagaio, pandorga, quadrado e muitos outros nomes que variam de acordo com a região e também com o formato, como maranhão, arraia, peixinho e barrilhete, entre outros.

É um brinquedo delicado, que utiliza folhas frágeis de papel de seda, varetas finas e rabiolas (caudas) longas. Assim, o cuidado com o brinquedo é vital para seu uso.

Na montagem da pipa, a geometria e a simetria são exploradas, enquanto a mão se torna um instrumento de medição, utilizando palmos e dedos para encontrar o centro da folha, o ângulo do estirante, as medidas e os locais de fixação das varetas.

Dica

Se conseguir descarregar todo o carretel de linha com a pipa voando, você poderá batizar sua pipa, dando um nome a ela. Na brincadeira entre amigos há um respeito pela pipa batizada: esta não pode ser derrubada.

Arraia

Feita com metade de uma folha de papel de seda, duas varetas japonesas ou de bambu, linha 10, cola e tesoura.

As varetas devem ter três dedos a mais que a diagonal do papel.

Recorte um quadrado do papel que será o corpo da pipa e faça uma dobra marcando uma linha diagonal na folha. O restante será utilizado para fazer duas franjas que serão coladas nas laterais inferiores, dando estabilidade ao voo.

Dobre as sobras para facilitar o corte de cada franja e, com a tesoura, faça cortes paralelos de 1 centímetro de largura que não cheguem até o final da tira, fazendo com que fiquem parecidas com um pente.

Mantendo a folha na diagonal, cole as franjas, uma em cada borda inferior do quadrado.

Uma vareta ficará reta, e a outra, envergada. Para envergar, amarre a linha numa extremidade da vareta, puxe até

a outra ponta, vá encurtando a linha enquanto enverga a vareta até ficar no tamanho da diagonal da folha e enrole algumas voltas antes de dar o nó.

Passe cola na vareta reta (vertical) e cole sobre a dobra central da folha. Do mesmo modo, cole a vareta envergada na horizontal, completando a pipa.

A próxima etapa é montar o estirante. Fazendo dois furos próximos ao cruzamento das varetas, passe uma ponta da linha pelas duas varetas e amarre com firmeza. A outra ponta da linha será amarrada na parte de baixo da vareta vertical. Deixe uma folga da linha de um tamanho que permita esticá-la até uma ponta da vareta envergada e nesse ponto faça um nó, deixando uma folga de 2 centímetros e fazendo o "cabresto" em que será amarrada sua linha para empinar. O estirante é feito pelo lado do papel e não pelo lado das varetas. Um estirante bem feito deixa a pipa com um ângulo de ataque em relação ao vento, que a faz subir. Para checar, segure a pipa pela linha e veja se ela tem 30° de inclinação em relação ao chão. Para empinar a pipa, é preciso envergar mais a vareta horizontal sem descolar o papel, enrolando uma ou duas voltas a própria linha que envergou a vareta. Se não envergar, não voa.

111

Bicuda

Este é um tipo de pipa que só utiliza papel e linha, dispensando varetas, cola e tesoura.

Em São Paulo, faz-se a "capucheta", que também usa apenas papel e linha, mas a pipa fica com um formato diferente.

A bicuda tem um voo estável e controlável, mesmo sem a estrutura rígida das varetas.

Com uma folha de caderno ou sulfite, siga os primeiros passos como os da arraia até ter uma folha quadrada, guardando o restante da folha para fazer a rabiola.

Faça as dobras conforme a ilustração. Em seguida, faça o estirante prendendo a linha em dois furos laterais, deixando uma folga que ultrapasse o bico em 2 centímetros, para fazer o cabresto com um nó. Prenda a rabiola com um pedaço de linha no furo inferior. Nos furos em que a linha se prende ao papel, faça três nós na linha, sem apertar o primeiro para não rasgar o papel.

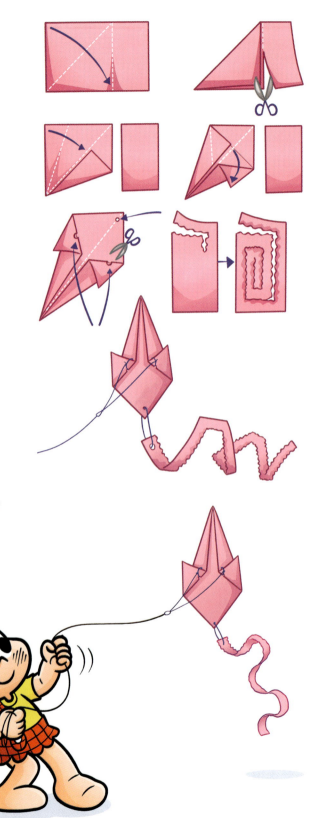

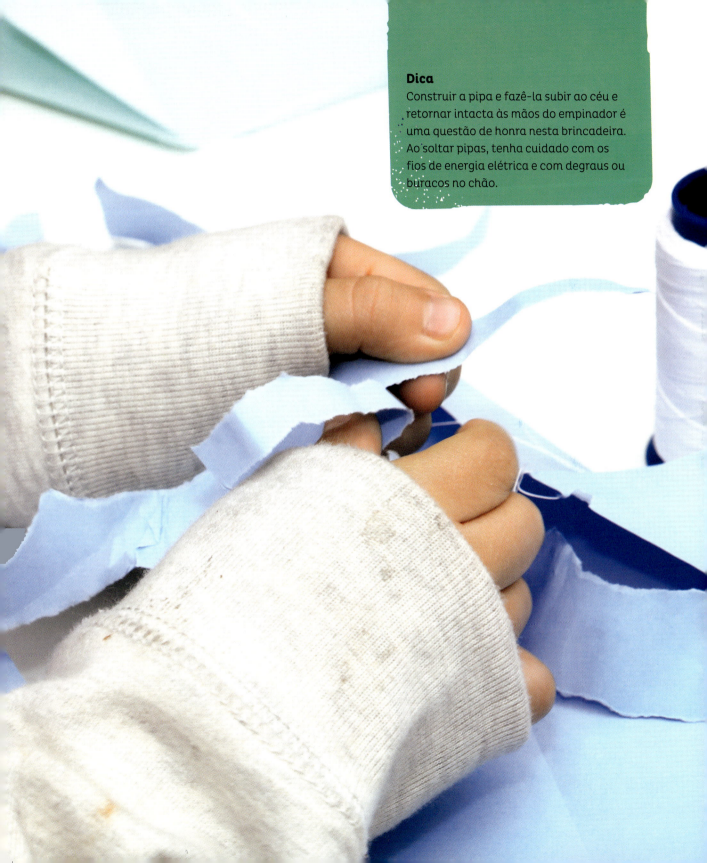

Dica
Construir a pipa e fazê-la subir ao céu e retornar intacta às mãos do empinador é uma questão de honra nesta brincadeira. Ao soltar pipas, tenha cuidado com os fios de energia elétrica e com degraus ou buracos no chão.

Curiosidade

Já se soltavam pipas na China em 200 a.C. Na cultura oriental, a pipa ainda é utilizada simbolicamente de várias formas para celebrar ou para atrair felicidade, sorte, fertilidade, conquistas, etc. As pipas em formato ou desenho de dragão representam a prosperidade; as em formato de tartaruga simbolizam vida longa, e as pipas em formato de coruja remetem à sabedoria.

PIQUE-BANDEIRA

É um jogo de disputa entre duas equipes que têm o objetivo de resgatar a sua bandeira do campo do adversário e trazê-la de volta para seu território.

Normalmente jogado em uma quadra de esportes, também pode ocupar espaços maiores, mesmo os irregulares ou com obstáculos, como condomínios, praças, ruas, bosques, parques e praias. O fundamental é que a divisão dos dois campos esteja delimitada e que haja uma área de proteção da bandeira de aproximadamente 5 metros de diâmetro, chamada de "casa", dentro de cada campo adversário. Quando se joga em quadra, a casa é a área do gol do outro campo ou a linha de fundo.

A base do jogo é o Pega-pega. Quem invade o campo do adversário para buscar sua bandeira deve conseguir entrar na casa da bandeira sem ser pego. Lá dentro ele está protegido, porém ainda tem que retornar ao seu campo trazendo a bandeira de volta. Se for pego no campo adversário, ficará parado até ser salvo (com um toque de um colega que não esteja pego). Se estiver carregando a bandeira nesse momento, ela retornará para a casa.

Quando o adversário invade seu campo, você é quem deve pegá-lo para impedir que prossiga.

O time que primeiro trouxer a bandeira para seu campo marca um ponto, e todos retornam ao seu campo para começar uma nova partida.

No jogo em quadra não é permitido jogar nem passar a bandeira. Só vale fazer isso dentro da casa para iludir a defesa, mas quem sair com a bandeira deverá carregá-la sem esconder até completar seu ataque.

Em espaços maiores, dá para combinar que o jogador pode jogar ou passar a bandeira.

Lembrete

Neste jogo em que alguns defendem a bandeira enquanto outros atacam o campo adversário, a distribuição de funções acontece naturalmente entre as crianças, que lançam mão de vários critérios para isso, como velocidade, atenção ou mesmo a preferência, exercitando competências motoras e o trabalho em equipe.

POLÍCIA E LADRÃO

Outro jogo clássico da infância que mistura regras de duas brincadeiras muito populares entre as crianças: o Pega-pega e o Esconde-esconde.

Disputado entre o grupo da polícia e o do ladrão, no jogo não há necessidade de igualar a quantidade de jogadores dos dois times, pois até fica mais divertido quando há mais ladrão do que polícia.

O objetivo da polícia é capturar todos os ladrões, ou a maior quantidade dentro do tempo combinado e prendê-los na cadeia, enquanto os ladrões têm o objetivo de não serem capturados.

Começa com a turma da polícia contando até 30 de olhos fechados, enquanto os ladrões vão se esconder. A polícia tem que encontrar, pegar e levar os ladrões para a cadeia.

O ladrão que não está preso pode salvar o colega da cadeia tocando sua mão rapidamente para não ser pego pelo guarda.

Variação
Algumas regras podem ser combinadas para melhorar o jogo. Existe, por exemplo, a regra dos 10 segundos, isto é, se a polícia ficar perto da cadeia (num limite combinado pelos jogadores) por 10 segundos sem prender ninguém, todos os ladrões presos poderão fugir. Há também a regra do espião ou do policial corrupto: enquanto os policiais estão de olhos fechados contando, os ladrões tocam discretamente um deles, o qual deve disfarçar e continuar contando, mas sabe que se tornou um espião e passou a ser do time dos ladrões. O espião salva os ladrões disfarçadamente enquanto nenhum policial descobre quem é ele. Se for descoberto, passará a ser tratado como um ladrão e também poderá ser preso e salvo.

Dica
Em tempos de incentivar a cultura de paz, é preciso estar atento para não cometer exageros. A brincadeira de Polícia e ladrão não é um jogo que incentiva a violência, tampouco o crime. Ladrão aqui é apenas um personagem da brincadeira e não carrega as características de um criminoso verdadeiro. Em qualquer brincadeira, seja ela competitiva, seja recreativa ou livre, o ambiente ético, respeitoso e cooperativo é essencial.

PULA-SELA

Esta brincadeira, também conhecida como Estrela nova sela e Pula-carniça, desafia a um movimento difícil e arriscado. Muitas crianças demoram a tomar coragem para se lançar por cima de um colega. Por isso, é recomendado um lugar de piso macio, como grama ou areia, para brincar.

Uma criança fica na posição de sela, afastando um pouco as pernas para ter uma base firme, curvando-se para a frente e apoiando as mãos nos joelhos, posicionando-se de lado para a fila de crianças que vão pular. Uma criança por vez corre em direção à sela, apoia as mãos nas costas e salta por cima, afastando as pernas para não enroscarem na sela.

Há vários jeitos de brincar com os amigos. Um deles é fazendo uma fileira de selas com distância de 2 metros entre elas. O último da fileira começa e vem pulando uma a uma. Quando pula a última, dá uma distância e fica em posição de sela para ser pulado pelo próximo que vem atrás – dessa maneira, todos terão a sua vez de ser sela e de saltar pelos amigos. É possível brincar em duas turmas, que se posicionam lado a lado e começam ao mesmo tempo, apostando uma corrida por um percurso combinado.

Outro jeito é colocar uma pessoa de sela enquanto os restantes, um de cada vez, pulam e gritam o nome do seu salto. Cada salto exige um movimento diferente, por exemplo:

- **Estrela nova sela:** pula normalmente.
- **Esborrachar o tomate:** pula e cai sentado na sela.
- **Esporinha de galo:** pula e monta a cavalo na sela.
- **Pastelão quente:** pula e dá um tapa nas costas da sela.
- **Unha de gavião:** pula apoiando na ponta dos dedos.

Cada um que salta escolhe a altura, pedindo para a sela subir ou abaixar até chegar à altura desejada.

Lembrete
Esta brincadeira às vezes pode ser cruel, mas é dessa maneira que muitas brincadeiras acontecem na rua, sem a presença dos pais, sendo reguladas pelos valores de cada grupo de crianças. Há situações em que assumir a posição de sela é sinônimo de valentia; em outras, a sela é escolhida por imposição dos outros, e a criança se submete a isso para não ficar de fora ou para dizer que aguenta. Do mesmo modo, poucos se atrevem a dar um "pastelão quente" em alguém mais forte ou mais briguento.

121

PULAR CORDA

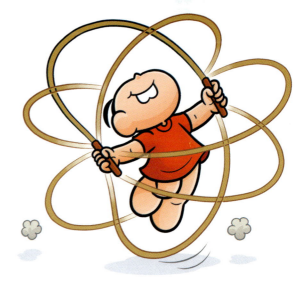

Brincadeira que pode ser individual ou coletiva. Pular corda sozinho exige bastante coordenação entre os movimentos de bater corda (girar a corda) e saltar no tempo certo. A corda coletiva pode ser mais fácil, mas exige uma coordenação dos movimentos de quem pula com os da(s) pessoa(s) que bate(m) a corda. As duas formas têm seu encanto. Pulando sozinho dá para correr, cruzar a corda, girar para trás, pular num pé, nos dois, para a frente, para trás e fazer o que mais conseguir. Em grupo também há diversas maneiras. Na maioria delas quem bate a corda canta uma música, e quem pula precisa "obedecer" aos movimentos pedidos pela música.

Um exemplo é a música "Um homem":

Um homem bateu em minha porta, e eu abri
(pular)
Senhoras e senhores, põe a mão no chão
(tocar a mão no chão sem parar)
Senhoras e senhores, pule num pé só
(pular num pé só)
Senhoras e senhores, dá uma rodadinha
(um giro)
E vai pro olho da rua!
(sair sem bater na corda)

Outra opção é "Com quem":

Com quem você
Pretende se casar?
Loiro, moreno, careca, cabeludo
Rei, ladrão, polícia, capitão
(se errar aqui, vai casar com um desses: loiro, careca, etc.)
Qual é a letra do seu coração?
A, B, C, D...
(se errar aqui, vai casar com alguém cujo nome começa com a letra em que errou)

Tem também a "Quantos anos":

> Quantos anos você tem? 1, 2, 3...
> (pular o máximo possível para ficar com a idade que conseguiu pular)

Outra música é a "Suco gelado":

> Suco gelado
> Cabelo arrepiado
> Qual é a letra do seu namorado?
> A, B, C, D...
> (quando errar, deve falar o nome de um menino que comece com essa letra)

A "Salada saladinha" é bem conhecida:

> Salada saladinha (pular normal)
> Bem temperadinha
> Com sal
> Pimenta
> Fogo
> Foguinho (pular foguinho, que é bem rápido, até errar)

Cobrinha

Geralmente brincada por crianças pequenas, nesta brincadeira a corda fica somente balançando, sem girar, como se fosse uma cobra, enquanto as crianças pulam de ida e de volta sem deixar a cobrinha pegar, isto é, sem tocar na corda.

Zerinho

Esta é uma brincadeira diferente para fazer com corda. Duas pessoas batem a corda sem parar enquanto os que estão na fila passam correndo pela corda, um de cada vez, sem pular e sem tocar nela. Essa passagem é o zerinho. Os que conseguem passar o zerinho vão para trás da fila. Quando chega a vez novamente, têm que entrar, pular uma vez e sair sem tocar na corda. Na vez seguinte, devem entrar, pular duas vezes e sair; na outra, três vezes, e assim por diante. Quando chega o dez, vira foguinho (corda batendo rápido), para dificultar ainda mais.

Curiosidade

Pular corda é uma brincadeira que costuma atrair mais as meninas, apesar de haver meninos que pulam corda com bastante habilidade. Já entre os adultos não há essa divisão, porque pular corda é um exercício aeróbico que aumenta a resistência cardiovascular, desenvolve a coordenação motora e melhora a força das pernas e dos pés. Por isso, esse exercício é utilizado em vários treinamentos, principalmente no de boxe, por causa da semelhança com a movimentação do boxeador. Neste caso, é mais praticado por homens do que por mulheres.

PULAR ELÁSTICO

É uma brincadeira de fases que evoluem, aumentando a dificuldade de realizar uma sequência de saltos. Quem consegue completar a sequência passa para a próxima com uma altura maior do elástico. As alturas das fases acompanham as partes do corpo: primeiro, no tornozelo; depois, no joelho, na coxa, no quadril e na cintura, podendo atingir alturas ainda maiores, como axilas, pescoço e mãos altas.

Duas crianças, uma de frente para a outra, esticam um elástico de costura com as pontas amarradas e o passam atrás dos tornozelos. Outra criança pula o elástico entre as duas. Se não houver uma dupla para esticar o elástico, podem-se usar os pés de duas cadeiras.

Primeiro se combina uma sequência de 6 a 10 saltos, podendo pisar, saltar um, saltar dois, trançar, girar, saltar um de cada vez, entre outras maneiras. O último salto é a saída do elástico.

Conseguindo completar sem erros, a pessoa passa para a próxima altura, que é a do joelho. Se errar, passa a vez para outra criança e vai segurar o elástico.

Quando o elástico fica muito alto para o salto, vale ajudar com as mãos ou somente com o "dedinho", dependendo do combinado.

É um jogo ritmado e, enquanto saltam, as crianças vão soletrando a palavra que corresponde ao gesto inventado na sequência, por exemplo:

> *Vas-sou-ri-nha* (em cada salto, a criança raspa o pé no chão fazendo o movimento de varrer)
> *Bi-go-de* (enrola um lado no pé e salta cruzando o elástico)
> *Ca-po-ei-ra* (apoia as mãos no chão e passa os pés para dentro; depois, repete para sair)

Também tem castelinho, cebolinha, macaquinho, balão, cinco fases, coca-cola, ceuzinho, chocolate...

Curiosidade
Esta brincadeira tem registros desde a Grécia Antiga. Geralmente atrai crianças a partir de 6 anos e é jogada também por adolescentes, por causa da opção de aumentar a dificuldade.

QUEIMADA

Também conhecida como Jogo da mata, possui muitas variações. A mais popular é a Queimada cemitério, nome do local onde fica quem é queimado. Algumas das maneiras de jogar que a Turma da Mônica apresenta, além da Queimada cemitério, são Abelha-rainha, Castelo, Queima senta e Ameba.

Cemitério

Jogada com uma bola de vôlei ou similar, numa quadra ou na rua. Podem-se utilizar bolas mais leves, de espuma ou mais murchas, para não machucar. Cada time fica de um lado do campo e tem o objetivo de acertar (queimar) os jogadores do outro time, lançando a bola com a mão.

Para queimar, a bola deve tocar diretamente no corpo do adversário após o arremesso e cair no chão – não pode tocar no chão antes. A criança se defende desviando da bola ou a segurando sem deixar cair. Atrás da linha de fundo do seu campo fica o cemitério do outro time: o lugar para onde vão as pessoas queimadas. Estas, mesmo estando no cemitério, continuam ativas e podem queimar o adversário.

Ganha o time que queimar todos os jogadores da outra equipe ou o que tiver queimado mais pessoas dentro do tempo combinado. Também se pode combinar que não vale queimar acertando a cabeça. Nesse caso, dizemos que a cabeça é "fria".

Abelha-rainha

Tem as mesmas regras da Queimada cemitério, mas cada time escolhe em segredo uma abelha-rainha (ou um zangão, se for menino). Se a abelha-rainha ou o zangão forem queimados, o adversário ganhará um ponto e o jogo recomeçará, com uma nova abelha-rainha ou novo zangão escolhidos.

Ameba

Este jeito de jogar é mais comum em São Paulo e no Rio de Janeiro.
A diferença aqui é que não existem times nem campos definidos. Cada um joga por si em todo o espaço. O objetivo é permanecer vivo até o final e queimar os outros jogadores, transformando-os em amebas.

Com uma bola em jogo, quem pega a bola tem que parar no lugar em que a pegou e tentar queimar outro jogador. Os que estão sem bola podem correr à vontade. Quem for queimado vira ameba e tem que ficar agachado. Para se salvar, a ameba precisa tocar em alguém que está vivo. Este que é tocado vira ameba em seu lugar. As amebas podem se locomover apenas em quatro apoios, isto é, com mãos e pés no chão.

Variação
Estas são algumas mudanças de regras que podem ser combinadas antes de o jogo começar: quando duas amebas se encontram, tiram Jokenpô, e quem ganhar se salva; quem vira ameba não se salva mais; ameba não pode sair do lugar; jogar com mais de uma bola.

Castelo

Cada time espalha em seu campo alguns cones ou outros objetos que parem em pé, simbolizando as torres do seu castelo. O objetivo é derrubar as torres do outro time, utilizando as mesmas regras da Queimada cemitério. É permitido proteger as torres apenas usando o corpo, sem tocar nelas. Cada torre caída não volta mais, mesmo que tenha sido derrubada acidentalmente pelo seu próprio time.

Queima senta

Cada um joga por si em todo o espaço, com várias bolas em jogo. Não há times, exceto no caso de combinar que vale fazer alianças entre dois ou três jogadores, que se protegem durante o jogo. Se alguém conseguir segurar a bola atirada sem que ela caia, queima a pessoa que atirou; portanto, no caso de alianças, tome cuidado para não ser queimado com um passe de seu aliado. Deixe a bola quicar no chão antes de pegar. Quem é queimado senta fora do campo de jogo e só volta quando a pessoa que o queimou for queimada por outro. Ganha quem estiver vivo ao final ou se alguém conseguir queimar todos os outros.

Curiosidade
Nos Estados Unidos, existe um jogo chamado *Prisonball*, em que os jogadores eliminados ficam atrás da linha de fundo do campo da equipe adversária – área chamada de "cemitério" no Brasil e que lá tem vários nomes, entre eles "prisão", por isso o nome do jogo (*prison* = prisão; *ball* = bola). Outra variação bastante praticada nos Estados Unidos é o *Dodgeball*. Essa versão é conhecida aqui no Brasil como Queimada maluca. Nela não existe a área para os jogadores eliminados, mas eles voltam ao jogo um a um, cada vez que algum jogador de sua equipe intercepta um arremesso no ar. Além disso, o *Dodgeball* é jogado com diversas bolas ao mesmo tempo. As crianças norte--americanas gostam tanto dessa brincadeira e de suas variações que lá existem até ligas de Queimada.

STOP

Esta brincadeira é sinônimo de passatempo divertido. Pode ser feita em qualquer lugar, com duas ou mais pessoas. Necessita que cada um tenha uma folha de papel em branco e uma caneta.

Divide-se o papel em colunas e linhas, formando uma tabela em que serão escritos os nomes que se iniciam com a letra de cada rodada.

Cada coluna é para uma categoria. Por exemplo: cor, animal, fruta, cidade, carro, filme, personagem e o que mais quiser. Para escolher a letra, uma pessoa diz "A" em voz alta e continua contando o resto do alfabeto em silêncio. Outra pessoa fala "Stop" para parar a contagem, e a letra em que parou será a letra dessa rodada.

Todos começam a escrever em suas tabelas as palavras de cada categoria que começam com a letra pedida. Quem completar todos os campos grita "Stop!", para os outros pararem de escrever.

Chega o momento da conferência e da pontuação. As palavras repetidas por outra pessoa valem 5 pontos. As palavras diferentes das outras valem 10 pontos, e os campos em branco valem 0. Na linha de baixo serão escritas as palavras da próxima rodada com a nova letra sorteada, e assim por diante. Ganha quem marcar mais pontos.

TACO

Este jogo também é conhecido como Bets, Bete e Tacobol. Para jogar são necessários dois tacos (ou "bets", feitos de caibro de madeira, cabo de vassoura ou bambu), uma bolinha de tênis e duas "casinhas", que podem ser feitas com latinha de suco ou refrigerante ou três gravetos apoiados em forma de pirâmide.

O jogo é uma disputa entre duas duplas: a de lançadores e a de rebatedores. Só os rebatedores podem pontuar, então os lançadores precisam se tornar rebatedores para poderem pontuar.

Um representante de cada dupla lança o taco em direção a uma linha que deve estar a 5 metros de distância. O taco que parar mais próximo da linha sem tocá-la definirá a dupla de rebatedores.

Os jogadores então riscam duas bases de 1 metro de diâmetro numa distância de 15 a 20 metros uma da outra e montam uma casinha em cada base.

O rebatedor deve manter o taco dentro da base em contato com o chão, para proteger a casinha. Se o taco estiver fora da base, o lançador poderá derrubar a casinha usando a bola ou chutando (desde que esteja segurando a bola) e, assim, ganhar o taco.

O lançador, de trás da sua base, atira a bolinha na base oposta tentando derrubar a casinha. Se derrubar, ganhará o taco.

Se o rebatedor acertar a bolinha, trocará de base com seu parceiro. Eles devem bater os tacos quando se cruzam quantas vezes conseguirem até que o lançador da base oposta apanhe a bolinha e ofereça risco de derrubar a casinha. Cada vez que cruzam, marcam um ponto. Vence quem marcar 11 pontos e deixar os tacos cruzados no meio do campo.

Curiosidade

Diz-se que o jogo de Taco foi inventado no Brasil por jangadeiros no século XVIII. Outra versão afirma que ele é um derivado do críquete, jogo praticado na Inglaterra e também admirado na Índia e no Paquistão. Também se assemelha ao beisebol, por usar o taco para rebater o lançamento de uma bola.

Variação

Existem outras maneiras de ganhar ou perder os tacos.

- **3 para trás:** é quando o rebatedor acerta com a borda do taco e a bolinha vai para trás da base. Se fizer três jogadas dessas, perderá o taco. A cada vez que marca ponto, zera essa contagem.
- **3 na lancha:** quando a bola lançada bate no corpo do rebatedor, este fica com "uma na lancha".
- **Vitória:** quando o lançador apanha a bola rebatida antes que ela caia no chão, ele grita "Vitória!" e ganha o taco ou o jogo todo, dependendo do combinado.
- **Taco no chão:** quando o lançador derruba a "casinha" e recebe o taco em mãos, ele perde o taco novamente. Isso é proibido; ele deve pegar o taco deixado no chão.
- **Licença:** o rebatedor pode tirar o taco do chão, desde que peça licença para isso.
- **Derrubou a casinha:** se o rebatedor derrubar acidentalmente sua "casinha", perderá o taco.
- **Tudo ou nada:** se a bolinha rebatida parar antes da casa oposta, o lançador poderá gritar "Tudo!" e ganhar o direito de lançar do lugar em que ele parou. Se o rebatedor gritar "Nada!", ele deverá lançar de trás da sua base. Em jogadas assim, quem gritar primeiro determinará o local do lançamento.

TELEFONE SEM FIO

É uma brincadeira calma, que costuma atrair crianças de 4 a 7 anos.

Geralmente sentadas em roda, a primeira pensa numa palavra ou numa frase e a cochicha no ouvido da pessoa ao lado. Esta cochicha para a próxima, e assim por diante. A última criança fala o que ouviu em voz alta, e todos conferem se foi a mesma palavra ou frase dita pela primeira.

A graça é que provavelmente a frase final será diferente da primeira, pois, ao passar de um para o outro, a mensagem nem sempre é compreendida e repetida da mesma forma, o que pode gerar resultados bastante divertidos.

Dica

Trocar a palavra em segredo, disfarçando para que ninguém perceba, acontece com bastante frequência nesta brincadeira, o que pode ser feito intencionalmente por uma criança do grupo, garantindo que o telefone não funcione, apesar de ser contrário ao objetivo coletivo de acertar a frase.

Este é um bom momento para o adulto que estiver junto conter a vontade de interferir e observar como as crianças reagem. Lidar com isso faz parte da brincadeira, e elas costumam encontrar soluções bastante criativas e adequadas para enfrentar esse tipo de situação.

Essas surpresas do brincar ampliam o conhecimento da criança sobre o significado das regras e dos combinados – não só no jogo, mas também no convívio social.

REFERÊNCIAS

ANTUNES, Celso. *Inteligências múltiplas e seus jogos: inteligência cinestésico-corporal.* Vol. 2. Rio de Janeiro: Vozes, 2006.

AQUISTAPACE, Flávio. "É a partir do brincar que a criança aprende a agir". Em *Portal Aprendiz*, 21-3-2013. Disponível em http://portal.aprendiz. uol.com.br/arquivo/2013/05/21/e-a-partir-do--brincar-que-a-crianca-aprende-a-agir-afirma--educadora/. Acesso em 6-8-2016.

BROTTO, Fábio O. *Jogos cooperativos: o jogo e o esporte como um exercício de convivência.* Santos: Projeto Cooperação, 2001.

FREIRE, João B. *Educação de corpo inteiro: teoria e prática da educação física.* São Paulo: Scipione, 1994.

_____. *O jogo: entre o riso e o choro.* 2ª ed. Campinas: Autores Associados, 2005.

FREIRE, Paulo. *Educação como prática da liberdade.* 25ª ed. Rio de Janeiro: Paz e Terra, 2001.

FRIEDMANN, Adriana. *A arte de brincar.* São Paulo: Scritta, 1995.

_____. *Brincar: crescer e aprender – o resgate do jogo infantil.* São Paulo: Moderna, 1996.

_____. *O desenvolvimento da criança através do brincar.* São Paulo: Moderna, 2006

_____. *O universo simbólico da criança: olhares sensíveis para a infância.* Petrópolis: Vozes, 2005.

_____. & CRAEMER, Ute. *Caminhos para uma aliança pela infância.* São Paulo: Aliança pela Infância, 2003.

HUIZINGA, Johan. *Homo ludens: o jogo como elemento da cultura.* São Paulo: Perspectiva, 2008.

KISHIMOTO, Tizuko M. (org). *O brincar e suas teorias.* São Paulo: Pioneira Thomson Learning, 1996.

_____. "O jogo e a educação infantil". Em KISHIMOTO, Tizuko M. (org.). *Jogo, brinquedo, brincadeira e a educação.* São Paulo: Cortez, 2001.

LIMA, Elvira S. *Práticas culturais e aprendizagem: pipa.* São Paulo: Sobradinho 107, 2005.

MATURANA, Humberto R. & VERDEN-ZÖLLER, Gerda. *Amar e brincar: fundamentos esquecidos do humano.* São Paulo: Palas Athena, 2004.

MEIRELLES, Renata. *Giramundo e outros brinquedos e brincadeiras dos meninos do Brasil.* São Paulo: Terceiro Nome, 2007.

NASTARI, Ricardo. *Interações: educação física lúdica*. São Paulo: Blucher, 2012.

PEREIRA, Maria A. P. *Casa redonda: uma experiência em educação*. São Paulo: Livre Conteúdo: 2013.

PIAGET, Jean. *O juízo moral na criança*. São Paulo: Summus Editorial, 1994.

TERRITÓRIO DO BRINCAR & INSTITUTO ALANA. *A voz da criança*. Vídeo. Série Diálogos do Brincar. 28-4-2016. Disponível em http://territoriodobrincar.com.br/biblioteca-cat/dialogos-do-brincar/videoconferencia-3-a-voz-da-crianca/. Acesso em 8-8-2016.

VIGOTSKI, Lev. S. *Pensamento e linguagem*. 2ª ed. São Paulo: Martins Fontes, 1998.

Outras fontes de consulta

www.acasaredonda.com.br/area/experiencia
www.alana.org.br/#inspirações
www.casadas5pedrinhas.com.br
www.criancaeconsumo.org.br/videos
www.institutobrincante.org.br
www.territoriodobrincar.com.br

Documentários

Criança, a alma do negócio. Direção: Estela Renner, 2008.

O começo da vida. Direção: Estela Renner, 2016.

Tarja branca. Direção: Cacau Rhoden, 2014.

Território do brincar. Direção: David Reeks e Renata Meirelles, 2015.

ÍNDICE DE BRINCADEIRAS
Brincar em quantas pessoas?

Em 1 pessoa
Amarelinha, 30
Arraia (pipa), 110
Avião de papel, 34
Babalu, 49
Barquinho de papel, 38
Bicuda (pipa), 112
Bola de sabão, 42
Carrinho de rolimã, 69
Cinco Marias, 70
Lava louça, 44
Pipa, 110
Pular corda, 122
Pular elástico, 126

Em dupla
Amarelinha, 30
Arraia (pipa), 110
Avião de papel, 34
Barquinho de papel, 38
Bicuda (pipa), 112
Bola de sabão, 42
Cama de gato, 66
Carrinho de rolimã, 69
Cinco Marias, 70
Futebol de tampinhas, 92
Estátua, 84
Gol a gol (futebol), 91
Lava louça, 44
Pipa, 110
Pular corda, 122
Pular elástico, 126

Em duplas
Artilheiro (futebol), 90
Nós quatro, 48
Splash, 45
Taco, 134

Em grupo

Abelha-rainha (queimada), 129
Adoleta, 101
Agacha fruta (pega-pega), 104
Alerta, 28
Amarelinha, 30
Ameba (queimada), 129
Arraia (pipa), 110
Avião de papel, 34
Barquinho de papel, 38
Barra-manteiga, 50
Barroca (pião), 106
Batata quente, 36
Batatinha frita 1, 2, 3, 51
Bicuda (pipa), 112
Bobinho (futebol), 90
Boi (pião), 106
Bola de sabão, 42
Buque (bola de gude), 56
Cabo de guerra, 60
Cabra-cega, 64
Cada macaco no seu galho (pega-pega), 104
Carrinho de rolimã, 69
Castelo (queimada), 129
Cemitério (queimada), 128
Cinco Marias, 70
Círculo ou Triângulo (bola de gude), 57
Cobrinha (corda), 124
Copinha (futebol), 91
Corre atrás (bola de gude), 57
Corre, cutia, 72
Corrida pô, 76
Detetive, 78
Duro ou mole (pega-pega), 105
Duro ou mole espelho (pega-pega), 105
Elefante colorido (pega-pega), 105
Esconde-esconde, 80
Estátua, 84
Eu vou pra lua, 88
Gato mia, 64
Gira mais (pião), 106
Imagem e ação (mímica), 96
Jacaré, 94
Lava louça, 44
Linha (bola de gude), 56
Linha (futebol), 91
Mãe da rua, 52
Melê (futebol), 91
Mímica, 96
Paredão, 98
Parlendas, 100
Passa anel, 102
Pega-pega, 104
Pega-pega americano, 105
Pião de guerra, 106
Pipa, 110
Pique-bandeira, 116
Polícia e ladrão, 118
Porco, 46
Pula-sela, 120
Pular corda, 122
Queima senta (queimada), 129
Queimada, 128
Rio vermelho, 51
Stop, 132
Tapão, 47
Telefone sem fio, 136
Vampiro vampirão, 54
Zerinho (corda), 124

Faça fotos e vídeos das suas brincadeiras e compartilhe nas redes!
#brincandocomaturma

/editorasenacsp